老後資産はドルで増やしなさい

浦井麻美

かんき出版

怖がり
さん

「投資って、
どれを買えばいいかわからない。
絶対、損はイヤ」

ガッカリ
さん

「相続した株や投資信託が、
大損失。どうしよう」

マンネリ
さん

「投資を始めてずいぶん経つけど、
売り買いが面倒くさい」

本書で勧めるのは、
この人たちに
うってつけの
金融商品です！

株や投資信託にありがちな
価格の乱高下が一切なく

右肩上がりで
一方通行で増えていく

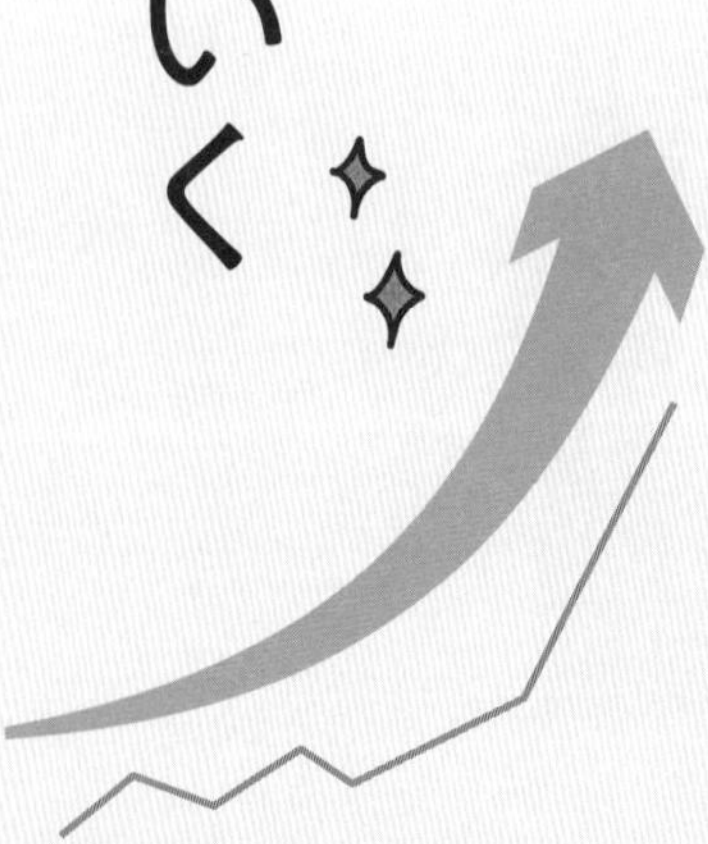

だから

本当に寝かしっぱなしでOK

しかも増え方があらかじめわかるので

ストレスフリー

毎月3万円を15年間払いこみ、

それから**35年間寝かしっぱなし**で

約1000万円

（約1．84倍）

毎月1万5000円を
10年間払いこみ、
それから30年間ほったらかしで

約268万円

（約1.47倍）

ともに概算です。為替変動は考慮していません（24ページ参照）

しかも
万が一の保障と控除が付く
それが
ドル建て終身保険
です！

まえがき

はじめまして、浦井麻美《うらいあさみ》です。本書を手に取ってくださり、ありがとうございます。私は、今は「お金に関する不安や悩み」を解決するためにお金の勉強会の講師を務めたり、ファイナンシャルプランナーとして個人のお金の相談に乗ったりしています。

私の社会人のスタートは、スイス銀行から始まりました。その後、外資系の証券会社数社を20年間わたり歩き、最後の証券会社では、リストラを経験。リストラされるまでの20年間、株価や為替レート、金利などが激しく上下する市場《マーケット》を相手に働いてきました。

その後、1年半を無職として過ごし、ジブラルタ生命からラブコールをもらい、不本意ではありながら生命保険の世界に飛び込みました。そのとき、**不本意とは裏腹に初めて「ドル建て終身保険」を知ったときの驚きと歓喜は今でも忘れることができません。**

なぜかというと、株や投資信託などは激しく変動するのに対し、**ドル建て終身保険は、一方通行で確実に資産が増えていくからです。**しかも長く保有すればするほど、一方通行で資産が増えていくのです。こんな一方通行で増える金融商品は20年間、在籍した金融業界では見たことがありません。

私はトレーダーとして株に携わった経験が長かったからこそ、**ドル建て終身保険や米国株や米国ETFが日本人にとって、持つべき最高の資産だという結論に至りました。**

銀行や証券会社は、なぜ日本の投資信託を勧めるのか？

私はジブラルタ生命で数多くのお客様のお金に関するご相談を受けてきました。独立した現在に至ってもそうです。そのなかで度々、愕然《がくぜん》としたことがあります。それは銀行の窓口や証券会社から勧められた日本の投資信託で、**ガッカリするほど「評価損」が出ているということ。**値下がりしているものばかりに投資させられているという実態です。

銀行は言ってみれば「金貸し屋」です。預金者からの預金を高い金利で貸し出して、さや抜きで利益を出す業態です。昨今のようにゼロ金利下では利ザヤは稼げません。だから窓口販売で他業種の投資信託や一時払いの保険などを証券会社や保険会社に代わって販売するのです。いわば今の銀行は手数料ビジネスで成り立っているのです(もちろん銀行や証券会社だけが悪いとは思いませんが)。

証券会社も似たようなものです。１９９９年10月から株式売買委託手数料が完全に自由化されましたが、日本の慣習においては、どこの証券会社も手数料率は横並び、次第に手数料引き下げ合戦が始まり、今では証券会社は株式売買の委託手数料ではやっていけなくなってきました。

そのようなこともあり、投資信託を販売して手数料ビジネスに重きを置くようになりました。もちろん他の業務もありますが、証券会社の営業マンは投資信託の販売ノルマを達成するために、あれやこれや理屈をつけて投資信託を販売しているのです。

ここだけの話ですが、業界用語で「ハメる」なんていう言葉もあるくらいです。「この投資信託をあのお客さんにハメて来い！」。こんな言葉も現場では飛び交っているのです。

このような現実を目の当たりにして、「これではいけない！　一人でも多くのみんなに伝えなければ！」という強い思いから、この本を出版することにいたしました。

私自身は日本株のトレーダーだったので、会社員時代は、個別銘柄の業績に関するネタを追いかける日々でした。為替レートはもちろん、原油相場や金市況、穀物市況などの商品市況、そして主要国の経済指標、はたまた日本のハイテク企業や部品メーカーが納品している米国企業業績（たとえばアップルなど）を追いかけるのが日課でした。そのような長い経験があったからこそ、**輸入大国である日本に住んでいる我々日本人は、米ドルで運用する必要があること**を、皆さんにお伝えできれば嬉しいです。

２０２１年２月　浦井麻美

本書の内容は、２０２１年２月１日時点のものです。本書の内容は筆者個人の見解であり、筆者が所属する団体や業界全体の見解ではありません。また、情報の利用の結果として何らかの損害が発生した場合、著者および出版社は理由のいかんに問わず、責任を負いません。投資対象および商品の選択など、投資にかかる最終決定は、ご自身の判断でなさるようお願い致します。

さっそく結論から

老後資産の羅針盤

攻めのドル、守りのドル

世界はドルで回っている

何が為替を動かすのか

米ドル運用の心得

米ドル建て終身保険の始め方

装丁、本文デザイン……鈴木大輔・江崎輝海（ソウルデザイン）
編集協力……鈴木雅光
イラスト……ingectar-e
DTP……小林祐司

さっそく結論から

「ドルを増やして、円を守る」私の提案

まずは読者の皆さまへ私からの提案をまとめました。

毎月約3万円「ドル建て終身保険」を積み立てることで、万一の保障、そして保険料控除を受けながら、国民年金、厚生年金（自営業の方は、国民年金基金）の上に更に「3階建て」となる「ドル年金」をつくります。

米ドル建て終身保険なら、右肩上がりで増えていく

前提条件

死亡保険金約1200万円（12万ドル。もし万が一亡くなったときに受取人に渡される保険金のこと）。

毎月約3万円（約300ドル）の掛け金×15年払い。予定利率2・5％。

30歳でスタート。45歳で払い込み終了。

結果

45歳までに払い込んだお金が、80歳時点で約2倍弱になる（総払い込み：約5・4万ドル。それが80歳時に解約した場合に受け取れる解約返戻金は9・5万ドル）。

もし30歳より早く始めたら、その分リターンが膨らむ。また、長生きすればするほど解約した場合に受け取れる解約返戻金が増える。そして予定利率が2・5％よりも上回れば死亡保険金も15年目以後から増える。

解説

本書のテーマは、「**老後の資産形成**」です。

もし銀行預金や積立投資で貯めていくと、途中、大きな病気（ガンや心筋梗塞、脳卒中など）にかかってしまうと、そこから銀行預金や積立投資を続けることはとても

途中解約したときに受け取れるお金

解約返戻金額（含特別積立金）（米ドル）			返戻率（％）		
年2.5%	年3.0%	年3.5%	年2.5%	年3.0%	年3.5%
―	―	―	―	―	―
788.85	796.39	803.91	21.9	22.1	22.3
13,769.97	13,960.05	14,152.29	76.5	77.6	78.7
31,704.43	32,714.70	33,757.85	88.1	90.9	93.8
50,648.90	52,898.68	55,260.61	93.9	98.0	102.4
55,617.82	60,184.78	65,114.88	103.1	111.5	120.7
66,990.34	76,356.52	86,967.22	124.2	141.5	161.2
80,462.19	96,671.28	115,963.25	149.1	179.2	215.0
94,895.28	120,220.40	151,903.73	175.9	222.8	281.6
107,398.45	143,495.63	190,983.77	199.1	266.0	354.0

長生きすればするほど、リターンが増える

早い時期に解約してしまうと、元本を下回るので注意！

被保険者が亡くなったときに受け取れるお金

運用実績の例

経過年数	年齢	払込保険料	死亡・高度障害保険金額+増加死亡保険金額（米ドル）		
（年）	（歳）	（米ドル）	年2.5%	年3.0%	年3.5%
ご契約時	30	—	120,000	120,000	120,000
1	31	3,595.68	120,000	120,000	120,000
5	35	17,978.40	120,000	120,000	120,000
10	40	35,956.80	120,000	120,000	120,000
15	45	53,935.20	120,000	125,338	130,880
20	50	53,935.20	120,000	128,559	137,669
30	60	53,935.20	120,000	136,785	155,725
40	70	53,935.20	120,000	144,191	172,891
50	80	53,935.20	120,000	152,078	192,074
60	90	53,935.20	120,000	160,459	213,468

15年で保険料の払い込みは終了

米国の景気によって利率が向上する可能性がある

保険金も利率がよければ、設定額（この場合、12万ドル）を上回る

難しいでしょう。でも「終身保険」という形で積み立てていけば、積み立てたお金をはるかに上回る保険金が入ってきます。しかも所得控除の1つ**「保険料控除」**という嬉しいオマケも付いてきます。払い込んだ生命保険料に応じて、一定の金額がその年の所得から差し引かれる制度で、税率を掛ける前の所得が低くなることで所得税、住民税の負担が軽減されるのです。

これらが積立て投資や銀行預金と大きく異なる部分です。**将来のお金を貯めるつもりで終身保険に貯めていくのです。**そしてその終身保険を「米ドル建て終身保険」で貯めていくのです。

ドルで資産を持つことのメリットは、もし「円安」になったときに貯めたドルを日本円に替えれば、多くの日本円が戻ってくることです。ただし相場（マーケット）なので円高になる場合もありますが、相場は絶えず上がったり下がったりするので円安になるまで放置すれば良いのです。

詳しくは、次章以降で説明しますが、**「円安」になった場合、日本の「円の価値」**

は目減りします。つまりインフレ（物価上昇）になるということです。平たく言うと、私たちの生活が困窮していきます。

そうなったときのリスクを和らげるために基軸通貨である「ドル」を「終身保険」で積み立てることを私は勧めています。

ドルは、私たちの将来の資産を増やしてくれる「攻め」の役割と、日本円に偏った資産に対する「守り」の役割を果たしてくれるものなのです。

本書は、次のような構成になっています

第1章「老後資産の羅針盤」：私たちがこのまま定年を迎えたときにどれぐらいの資産が残されているのかという話、そして私たちの老後資金は、いったいいくら必要なのかという「ゴール」の話です。

第2章「攻めのドル、守りのドル」：なぜ、今後「ドル高、円安」が進み、私たちの日本円の価値が目減りするのか？　を解説します。同時に、なぜ「ドル」が最強なのか？　についても触れていきます。

第3章「世界はドルで回っている」：円、ドル以外にも、世界には膨大な種類の「通貨」があります。第2章では、米ドルの絶対的な強さに触れますが、この章では他の通貨と比べたときのドルの優位性についてお話しします。世界の歴史の流れにおける通貨の変遷を学ぶ大切な章です。世界の歴史と通貨は切っても切れない関係にあるからです。そして今後、世界がどうなるかを知る重要な知識となります。

第4章「何が為替を動かすのか」：この章では、どのような人たちが為替相場に参加しているのか、そして為替を動かす要因について詳しく見ていきます。せっかくドル運用を始めるのでしたら、為替にアレルギーを持つことなく、私たちの家計に密接な「変数」としてとらえてください。

第5章「米ドル運用の心得」：実は金利だけを見ると、米ドルはそれほど魅力的ではありません。日本やユーロに比べれば幾分、マシという程度です。一方、ネットや広告では「高金利通貨の金融商品」をよく見かけます。南アフリカ・ランド、ブラジル・

レアル、トルコ・リラなどです。金利は数字なので一目瞭然、とても増えそうに見えるものです。本章では、そういったときに注意してほしいことをお話しします。

第6章「米ドル建て終身保険の始め方」：ドル建て終身保険は、20年、30年と付き合っていく金融商品です。「長い人生のなかで、どのような資金計画を立てて始めればいいのか？」。最低限知っておきたいこととともに解説しています。

コラム

私の米ドル人生記①

Welcome To The Jungle

このコラムでは、私が「**お金の先生**」を名乗るようになった理由とこれまでの経歴についてお話ししていきます。

私は、お金と酷い付き合い方をしてきました。恐らく、この本を手に取ってくださったあなたよりも、私はお金に対していろいろな不安と悩みを抱えていたかもしれません。そして、それを何とか乗り越えて今に至っています。ですから、**そのときの体験や、どうやって不安や悩みを乗り越えてきたのかということを、この本を通じて皆さんにお伝えしていきます。**

実は私、会社員だった頃はかなりの高給取りでした。なぜなら外資系金融機関にいたからです。

私の社会人としてのキャリアは、1983年に入社したスイス銀行から始まります。高校を卒業し、外国人ボスにつくための秘書養成学校に通いました。当然、その学校に来る求人はすべて外資系企業ばかり。そのため、学校から「スイス銀行東京支店に行きなさい」という命令が下され、私はスイス銀行に就職しました。

といっても、スイス銀行がどういうところかなんて、全く知りません。私の知識にあったのは、「ひょっとしてゴルゴ13が秘密口座を持っている、あのスイス銀行?」という程度のものでした。

それで、配属された先が外国為替のディーリングルームでした。

もちろん外国為替が何かも、ディーリングが何かも、そのときは全くわかりませんでした。ただ、「これはもう、とんでもないところに来てしまったかも……」とは思いました。そこはもうアマゾン奥地のジャングルみたいなところだったのです。行ったことないからわからないんだけどね。


普通、「スイス銀行」と聞いたら、長身でスマートな、物腰の柔らかい金髪の男性上司がいて、シンプルだけれども高級な調度品がある静かなオフィスで、時々タイプライターの音が聞こえるというイメージを、当時の私は思い描いていたのですが、配属先の部屋に入った途端、そのイメージは一気に吹き飛びました。

中にいるのは、腕まくりをして髪の毛を振り乱し、だらしなくネクタイを緩めて、何やら電話口で吠えまくっているおじさんが大勢いました。あっけに取られて見ていると、**いきなり受話器を投げつけるようにして電話を切ったかと思えば、立ち上がって椅子を蹴り上げたりしています。**

こんな人が十数人もいて、そこいら中で怒声が響き渡っているのが、当時の銀行のディーリングルームでした。

恐らく今はそんなことないでしょうね。取引はすべてコンピュータで行われているので、ディーリングルームに怒声が響き渡るなどということは、ほぼ皆無のはずです。ただ、当時は今のようにコンピュータが発達していませんでしたし、インターネットも無かったので、すべてのやり取りは電話とテレックス※でした。

だから、外国為替ディーラーの怒声だけでなく、絶えず電話が鳴り響き、テレックスの打ち出される音が常にカタカタカタカタ聞こえてくるような、賑やかな場所だったのです。恐らく、この風景を見たら、これが銀行だとはとても思えないでしょう。取引しているモノは違いますが、野菜や魚の市場と同じようなものです。

当時、ハタチそこそこだった私にとって、最初の働く場所としては刺激が強すぎました。結局、職場の雰囲気になかなか馴染むことができず、体調を崩したこともあって、3年くらいでスイス銀行を退職しました。（64ページへ続く）

※ タイプライターのようなキーボードが付いている通信機器で、メッセージを打ち込んで送信ボタンを押すと、送り先のテレックス端末に印刷されて出てくる通信機器。FAXの前身のようなもの。

老後資産の羅針盤

足りない「２０００万円」の根拠

本章では、**なぜ米ドル建て終身保険が必要なのか**という理由をお話ししましょう。私たちがこのまま定年を迎えたときに資産がどれぐらい残されているのかという話、そして私たちの老後資金は、一体いくら必要なのかという「ゴール」の話です。昨今のニュースで騒がれていたので、「もう知っているよ」という方は、読み飛ばしていただいても構いません。

２０１９年６月に**「２０００万円問題」**が話題になりました。これは金融庁の諮問機関である金融審議会の市場ワーキンググループというところが作成した、「高齢社会における資産形成・管理」という報告書に書かれていた内容をメディアが取り上げたことから話題になりました。

人生１００年時代を迎えるにあたって、定年後、年金に頼った生活をする場合、**月額平均で5万円の不足が生じるという話です。**「２０００万円」という計算式は、この不足部分である「5万円」×12カ月×余命の35年＝「２１００万円」という試算です。

老後の年金額がいくらになるのかについては、恐らく中高年になれば誰でも関心を持つようになるでしょう。そのために「モデルケース」というものがこの報告書では設定されていて、それに基づいた年金額が公表されています。ちなみに２０１８年度の計算によると、**妻が専業主婦で夫が60歳まで働いた場合の年金月額が22万１２２７円。**しかし、これはあくまでもモデルケースの金額です。

この金額が年金生活者になったときに得られるとされる毎月の収入ですが、一方で支出は月額27万円とされています。つまり毎月27万円が生活費として必要なのに、もらえる年金は22万円。毎月5万円が足りないのです。

毎月の支出額が27万円であることの根拠は、総務省統計局が作成・公表している「家計調査年報」の数字によるものです。これによると高齢夫婦で無職世帯の平均支出が

27万930円と書かれています。しかも、**そこには遊ぶお金（旅行や娯楽）は入っておらず、ギリギリ最低限必要な生活費の金額**です。なお、この数字は全国平均値なので、都市部で生活している人たちからすれば、ギリギリどころか、それ以上の支出を余儀なくされるケースもありそうですね。

月5万円ということは年間60万円の不足が生じます。65歳定年として100歳まで生きるとすると残りの人生35年ですから、60万円×35年＝2100万円が足りません。この不足分については、国民が自助努力によって準備してくださいね、というのが「2000万円問題」でした。

これがニュースになった途端、世の中がザワザワし始めました。

いろいろなところで「2000万円なんてあるわけがない。これじゃ年金なんてあてにならないじゃないか」といった声が沸き起こり、政権批判が一気に広がりました。その結果、麻生太郎副総理・財務大臣・金融担当大臣が報告書の受け取りを拒否するという異例の事態にまで発展したのです。

でもね、現実はもっと厳しいのですよ。

「２０００万円なんて甘い！　現実は４０００万円問題だ!!」

私は声を大にして、このように言いたいと思います。

「モデルケース」の落とし穴

さきほど、２０１８年度のモデルケースを見ると、受け取れる年金額は月額22万１２２７円になると述べました。

この手のモデルケースを見るときに大事なのは、**「前提条件」**を知ることです。つまりどういう人たちだと、月額22万１２２７円の年金を受け取れるのかということです。

月額22万1227円の年金を受け取れる人とは……

年金には「平均標準報酬月額」という考え方があります。これは新入社員から定年退職までの間に受け取った賞与を含む給料の平均月額のことです。

このモデルケースのように月額22万1227円の年金を受け取るためには、平均標準報酬月額がいくら必要なのかというと、42万8000円です。当然、社会人になったばかりの頃は、こんなに給料をもらうことはできませんから、40代、50代になったとき、賞与も含めた給料の額がどこまで伸びるのかが勝負になります。

でも、**平均標準報酬月額で42万8000円というのは、実はかなりの高給取りなのですよ。**とっても大事な話なのでお付き合いくださいね。

厚生労働省が発表している平均標準報酬月額の平均値は、2018年度で31万3000円でした。ちなみに男性が35万5000円、女性が24万4000円です。

ということは、**月額22万1227円もの年金を受け取れるのは非常にレアケース**だということになります。実際、国民年金を含めた厚生年金保険の受給額の平均は、男性の場合で17万3000円、女性の場合で10万9000円です。ちなみに世間で

「高給取り」と言われている外資系金融で勤めてきた私の場合は、無職の期間と自営業者の期間があり、厚生年金を納めていない時期があったため直近の見込み額は14万３９８円でした。

また自営業者の場合は、基本的に国民年金のみになりますが、保険料を25年間納めた受給資格者で月額４万６３０円です。

つまりモデルケースと平均的な受給額の間には、

男性……▲４万８２２７円
（＝22万１２２７円－17万３０００円）

女性……▲11万２２２７円
（＝22万１２２７円－10万９０００円）

厚生年金保険の受給額の平均
（国民年金含む）

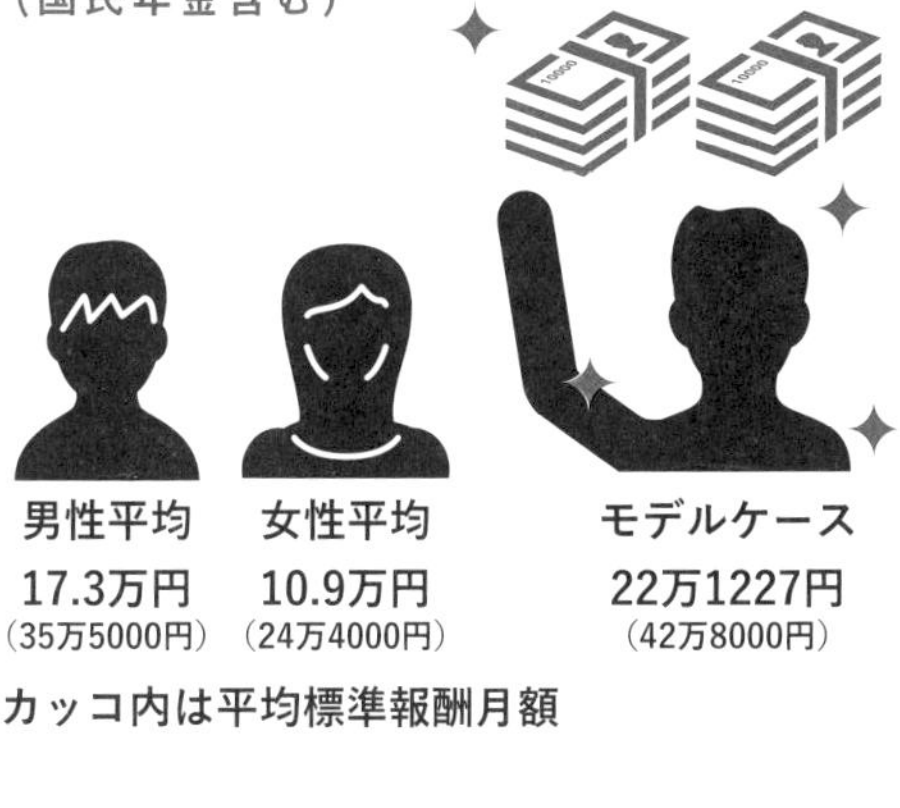

カッコ内は平均標準報酬月額

年金月額の比率

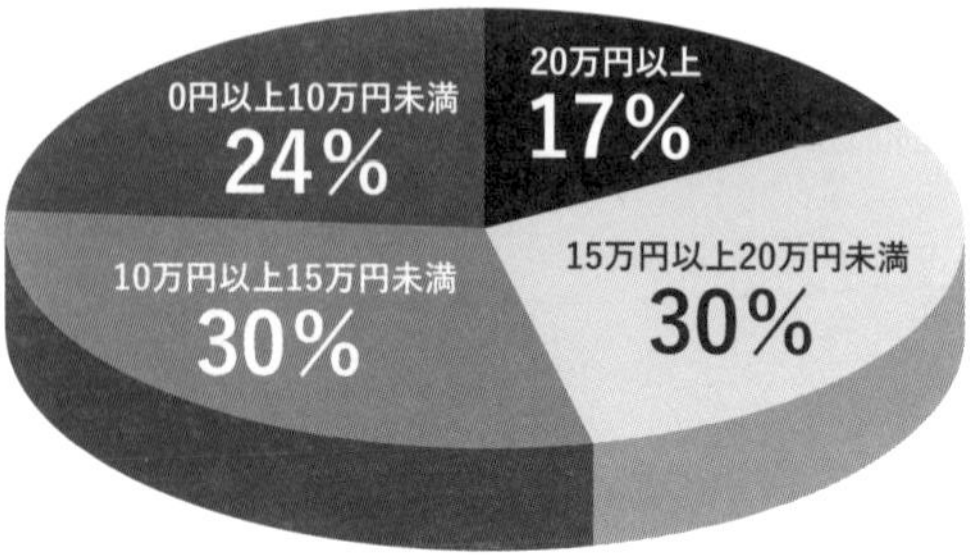

という大きなギャップがあります。まして自営業者の場合は、自分にやる気さえあればいつまでも働けるという現実はありますが、年金の額は心細い限りです。

実際問題、年金受給者全体に占める年金月額別の比率を見ると、上図のようになっています（令和元年12月・厚生労働省年金局発表）。

これを見れば、年金月額20万円以上の人は、「勝ち組」ということになるのかも知れません。

私のところにお金の相談で見えられた家庭の一般的な年金受取見込み額は、多くの場合で年額90万円以上１００万円未満です。

月額でいうと7万～9万円弱ぐらいでしょう。

つまり月額22万1227円の年金を受け取れるモデルケースとは、現役時代に相当な高給取りだった、たとえて言うならば上場企業の役員レベルということになります。

したがって、その域に達していない人は「2000万円問題」ぐらいで騒いではいけません。

では、いくら貯めれば「老後は安泰」なのか

数字（金額）ばかりのお話なので、結論から言ってしまいましょう。**老後資金は、2000万円ではなく4000万円なければダメなのです。**

先ほども触れましたが、「家計調査年報」の数字によると高齢夫婦で無職世帯の平均支出が27万930円です。

一方、厚生年金の受給額は平均で17万３０００円（男性の場合）。つまり約10万円ものギャップがあります。このギャップを預貯金の取り崩しで乗り切ろうとするならば、毎月９万７９３０円（27万９９３０円－17万３０００円）を預貯金から取り崩し続ける必要があります。仮に65歳以降１００歳まで生きられたとすると、35年間ですから９万７９３０円×12×35＝４１１３万６００円になります。

４０００万円でも足りないくらいですね。

90歳まで生きられたとすると２９３７万９０００円、95歳まで生きられたとすると３５２５万４８００円です。いずれにしても**大半のサラリーマン家庭にとって「2000万円問題」など単なる途中経過に過ぎません。**それこそ「３０００万円問題」、「４０００万円問題」として問題意識を持つ必要があるのです。

将来、私は資産をどれくらい持っているのだろう

では、実際のところ金融資産っていくらくらい持っているものなのでしょうか。

金融広報中央委員会が作成・公表している「家計の金融行動に関する世論調査（令和元年　二人以上世帯）」のデータを見てみましょう。これによると、金融資産を持っていないという人が、意外といることがわかります。ちなみに年代別に見ると、**「金融資産を保有していない」**と回答している割合は次の通りです。

20歳代……………22・9％
30歳代……………15・8％
40歳代……………18・7％
50歳代……………21・8％
60歳代……………23・7％
70歳以上…………31・1％

これから定年を迎えようとしている50歳代で10人のうち2人が、老後の生活に必要とされる金融資産を全く持っていないのですから、こういう人は自分が会社を定年になり、いよいよ老後を迎えたとき、「どうして計画的に金融資産をつくってこなかったのだろう」と後悔するかもしれません。

では、金融資産を保有していると回答した人たちは、実際にどの程度の額の金融資産を保有しているのでしょうか。これも年代別に見てみましょう。ちなみにこの数字は平均値ではなく**「中央値」**で見てみます。

中央値と平均値の違いってご存じですか。

これは、データを見るときにとても重要な考え方ですし、簡単なことなので覚えてしまってくださいね。

平均値は文字通り平均をとった数字なのですが、**平均値で保有している金融資産を見ることとの問題点は、資産数億円、あるいは数十億円を持っている富裕層が入ると、全体的に平均値が上に押し上げられてしまう**ということです。つまり実態からかけ離れた数字になる恐れがあります。先ほど見たモデルケース**「平均標準報酬月額

年代別の保有金融資産額（中央値）

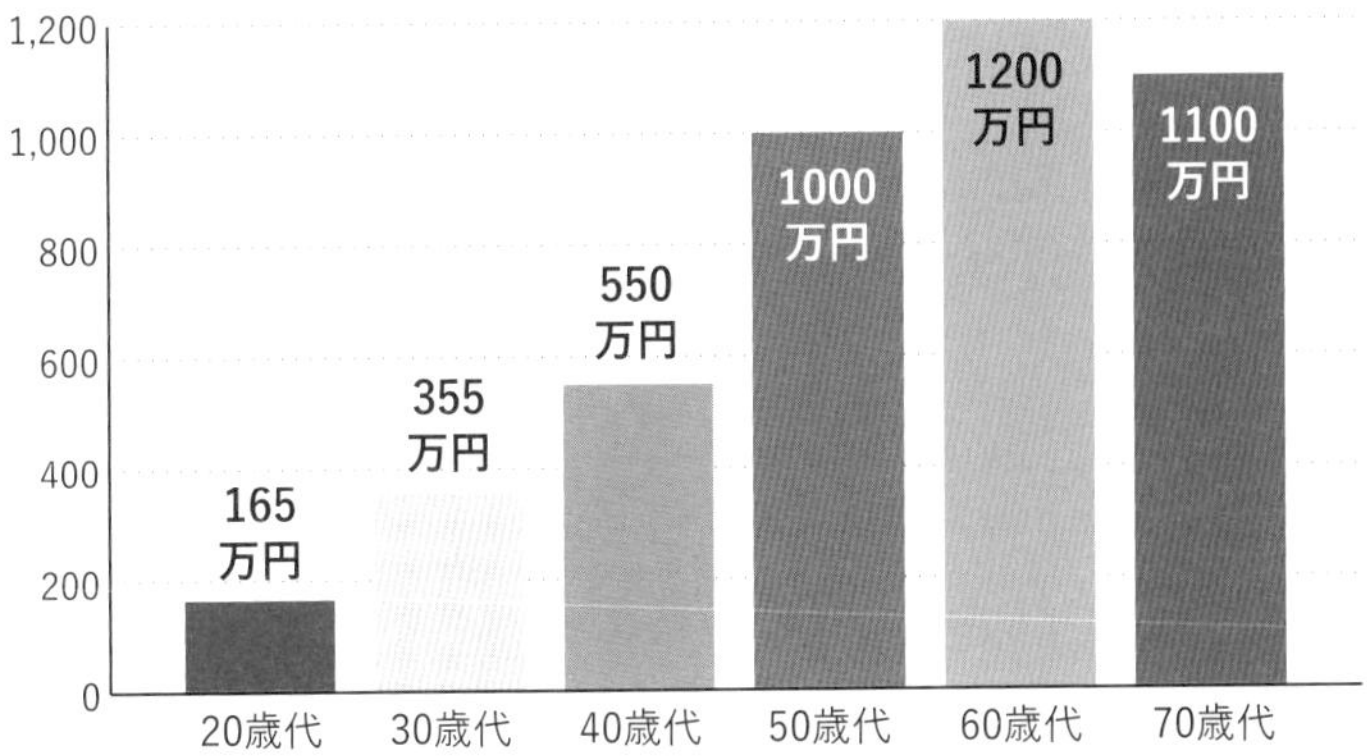

42万８０００円」と同じように、中央値と平均値とにはズレがあるのです。

そこで中央値という数字を見ます。中央値は最も回答数が多いところの金融資産額を示しています。そのため、**大多数の人たちにとって実感のある数字になります。**

実際、全国平均の保有金融資産額を見ると、平均は１５３７万円ですが、中央値は８００万円になります。この差が、超大金持ちによって平均値が上に押し上げられている何よりの証拠です。

では、年代別の保有金融資産額を中央値で見てみましょう。上図のようになります。

どうです？　もう一目瞭然ですね。ほとんどの人たちは老後４０００万円どころか、１０００万円前後の金融資産しか持ち合わせていないのです。これは、ほとんどの人が老後、お金の面で苦労する恐れがあることを示しています。

最近見ましたか？　ねんきん定期便

さて、真実を突きつけてもまだ「へ～」という程度にしか思っていない平和ボケした人は、「論より証拠」ということで、毎年郵送されてくる「ねんきん定期便」を見てみてください。

え？　知らない？

いやいや、絶対に郵送されてきています。ちなみにねんきん定期便はお誕生日の月にはがきで送られてくるのですが、**例外的に35歳、45歳、59歳の年には、はがきではなく封筒で送られてきます。**自分の誕生日月になったら、日本年金機構から郵便物が

「ねんきん定期便」の例

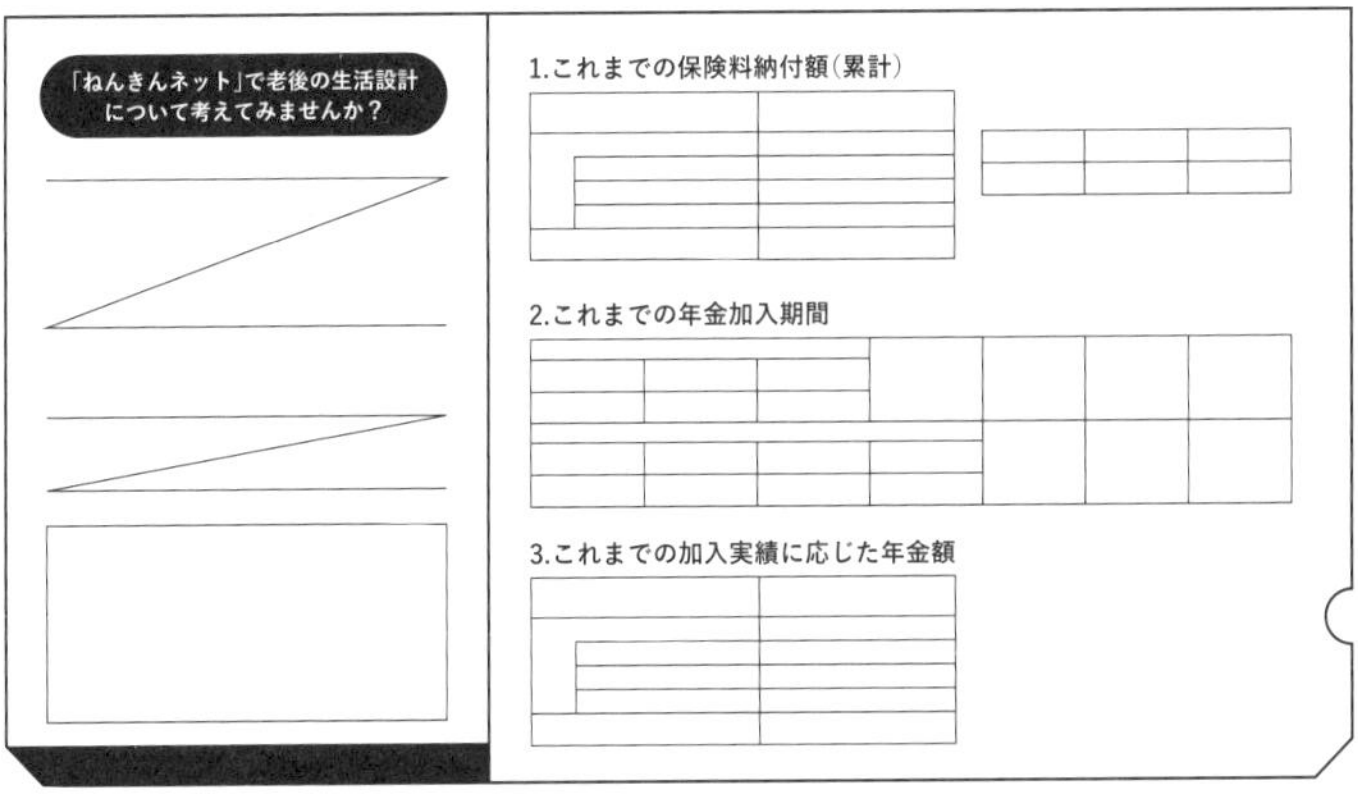

届いていないかどうかをチェックするようにしてください。

はがきを開くと、なかにはいろいろな数字が記入されていますが、チェックすべきポイントはそんなに多くありません。ハガキだと**「これまでの加入実績に応じた年金額とこれまでの保険料納付額」**という項目があるので、このうち「加入期間に応じた年金額（年額）」の項目に記載されている金額を見てください。ここに国民年金（老齢基礎年金）の額と、厚生年金保険（老齢厚生年金）の額が記載されています。この合計額が、あなたが受給できる年金（年額）になります。つまり、この合計額を12で割れば、月々の年金額がわかるというわけです（ちなみにハガキのほか、「ねんきんネット」でも見られるようになっています）。

ここでも〝トリック〟があります。記載されている金額はあくまでも**「見込額」**ということです。つまり記載されている金額は確定額ではなく、「減る」可能性があるということです。

たとえば私の年金額は、平成26年のねんきん定期便だと、年額が１６５万円でした。ところが、令和2年のものをみると年額は１６２万円。**3万円減っているのです**。これを月額にすると13万５０００円といった具合です。

もしこの年金の額で、私が毎月27万円の生活を送ると、不足額は13万５０００円になります。つまり年金を65歳から受け取って、１００歳まで生きたとしたら、５６７０万円が不足する計算になります。

５６７０万円ですよ。あまりにも途方もない金額なので、もう1回言ってしまいます。５６７０万円！

これだけの金額を現役のサラリーマン時代につくるには、それなりに「工夫」をする必要があります。

増えない給料

では、皆さんはどんな工夫をしますか？

真っ先に思い浮かぶのは、一所懸命に働いてお金を稼いで貯蓄に回すという方法でしょう。

でも、そんなに稼げますか？

国税庁が作成・公表している「民間給与実態統計調査」を見ると、平均の給与がわかります。これは給与額の総額を給与所得者数で割って求められる数字です。

それによると、年間の平均給与額が４００万円に乗せたのが平成元年のことで、４０２万４０００円でした。そこからしばらく増加傾向を続けて平成９年が

467万3000円となり、これがピークです。

その後は減少傾向をたどり、平成21年には405万9000円になりました。平成21年は2009年ですから、ちょうどリーマンショックの直後に当たります。世界的な金融恐慌のリスクが高まり、不景気のどん底だった時期なので、給料が減るのも当然ですが、**問題はそこからの戻りが非常に鈍いことです。**この間、アベノミクスによって何となく世の中の景気は回復基調にあったかのように思えましたが、それでも令和元年の平均給与額は436万4000円。つまり平成9年の最高額をいまだ更新できずにいるのです。

しかも今はコロナ禍の最中で、多くの企業が収益減少に見舞われていますから、令和2年の平均給与額は落ち込むことも十分に予想されます。

恐らく、これから先も会社員の給料が右肩上がりに増えることはないでしょう。そもそも年功序列賃金で会社に在籍する期間が長くなるほど給料が上がるとか、昨年よりも今年、今年よりも来年の給料が増えるなどという期待は持たないほうが良いでしょう。いずれも高度経済成長期の発想です。

今後の日本経済は、成長し続けるような状況ではありません。むしろ成長率は下がっていくと考えたほうが良いでしょう。すると世の中の働く人全員が、「限られたパイ」を奪い合う時代になります。

つまりどんどん収入が増える人がいる一方で、全く収入が増えず、いつまでも新入社員の頃とほとんど変わらない給料の人も出てくるはずなのです。そういう厳しい時代を私たちは生きている、という認識を持つようにしましょう。

さらに暗い話になりますが、**これから日本では、少子高齢化、人口減少が加速していきます。**

働き手が減る一方で年金を受け取る人が増えるということです。高齢者人口が増えれば増えるほど、現役世代の社会保障負担が重くなる。それなのに給料は増えないわけですから、現役世代の可処分所得※はどんどん減っていきます。その分だけ貯蓄に回

※ 給与や賞与などの収入から、税金や社会保険料などを差し引いた残りの手取り収入、つまり自分の意思で使える部分を指す。

す余裕も無くなります。

必死に働いて老後のお金を賄うというのは、もはや前時代的な発想です。

そこで、大事なのは、その貴重なお金をできるだけ効率よく運用することなのです。

なぜ「円」の価値が減っていくのか

「運用」という言葉が出てきました。皆さんも、何となく意味はおわかりかと思いますし、実際にそれらしいことを実践していらっしゃる方もおられるでしょう。

運用とは、簡単に言えば「お金に働いてもらう」ことです。

私たちがお金を得る方法は3つあります。「自分が働いて稼ぐ」、「お金に働いてもらう（＝運用によって増やす）」、「相続や贈与を受ける」がそれです。

最後の、「相続や贈与を受ける」については、人それぞれです。それこそ親がそこのお金を持っていたため、生前贈与を受けたり、親が亡くなって遺産を相続したりする人がいる反面、親が借金まみれだったため、相続放棄を余儀なくされたという人もいるかもしれません。誰にでも当てはまる方法ではないので、もし自分が相続や贈与を受けられたら、それはラッキーなことと思って、大事に活用する方法を考えてください。

1番めの「働いて稼ぐ」ことは、これからの日本の人口推移を直視すると、ひたすら働くだけでは難しいことは先ほど述べました。

カンの良い方はもうお気づきかと思いますが、**誰にでもできる、手元のお金を増やす方法として、私は「運用する」ことを本書でお勧めしています。**ただし、お金を運用する方法はたくさんあります。株式や投資信託が最も広く知られていますが、それ以外にＦＸ（外国為替証拠金取引）や商品先物取引、ビットコインなどの暗号資産、債券など実にさまざまです。このなかで何を選ぶのかが、お金を運用するうえではとても大事な問題です。

では、何で運用するのが一番良いのでしょうか。

その答えが「外貨（ドル）」にあります。詳しくは、次章で述べますが、将来、日本の経済力・国力が低下するとしたら、外国為替市場で円が売られます。つまり円安になるということです。

円安は物価上昇（インフレ）を招きます。要するに、これはお金の価値が目減りすることを意味します。

たとえば、この前まで赤ワインが1本980円だとすると、5000円で5本買えました。でも円安になったせいで、同じ赤ワインが1本1500円になってしまったとしましょう。すると5000円では3本しか買えなくなってしまいます。

インフレになると、こういった出来事があらゆる生活必需品にも起こります。

物価上昇（インフレ）のしくみ

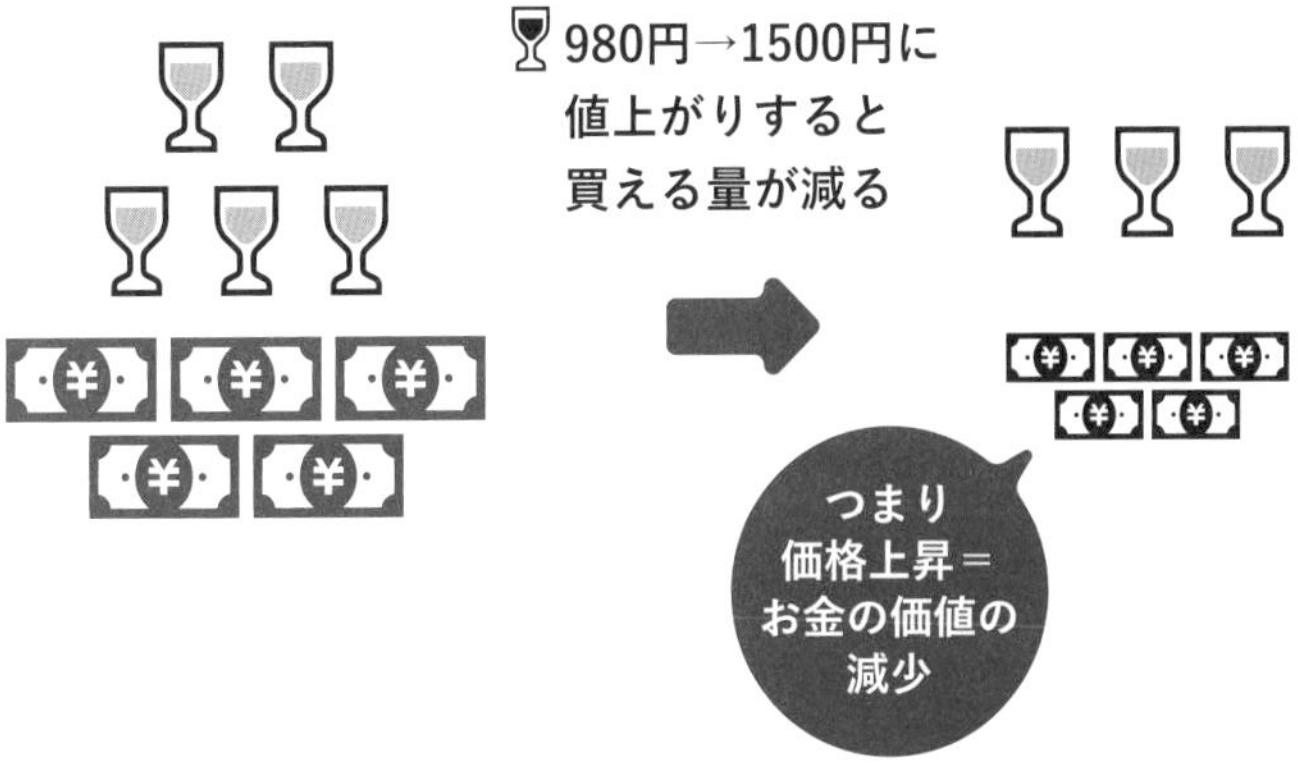
980円→1500円に
値上がりすると
買える量が減る
つまり
価格上昇＝
お金の価値の
減少

これから10年、20年後を見据えると、**すべての資産を円で持つのは危険です**。「円安→インフレ（物価上昇）→円の価値下落」という流れをたどるのは必定だからです。円の価値が下落するリスクを最小限に抑えるためには、保有資産の一部を「外貨」で保有する必要があります。

外貨といっても、無数にありますが、選ぶべきは最強の通貨である「ドル」一択です。他の選択肢はありません。

では、ドルでもって何に投資すれば良いのか。それが本書の冒頭で触れた、「ドル建て終身保険」です。米ドル建ての保険こそが、20年、30年といった長期の資産運用に適しており、本章で触れてきたさまざまなお金の悩みを一挙に解決してくれるのです。

もらえる年金額の見込み、老後の保有資産額、円安（円高）、インフレ……駆け足で説明してきましたが、次章からかみ砕いて説明していきます。

年金の「3階部分」を組み立てよう

「米ドル」の話に入る前に、簡単に**私たちの年金の仕組み**について説明しておきましょう。最も基本になる「老齢年金」についてです。

年金制度もいろいろな変更があって、かつては会社勤務の人が加入する「厚生年金」、国家公務員が加入する「国家公務員共済年金」、地方公務員が加入する「地方公務員

公的年金と私的年金

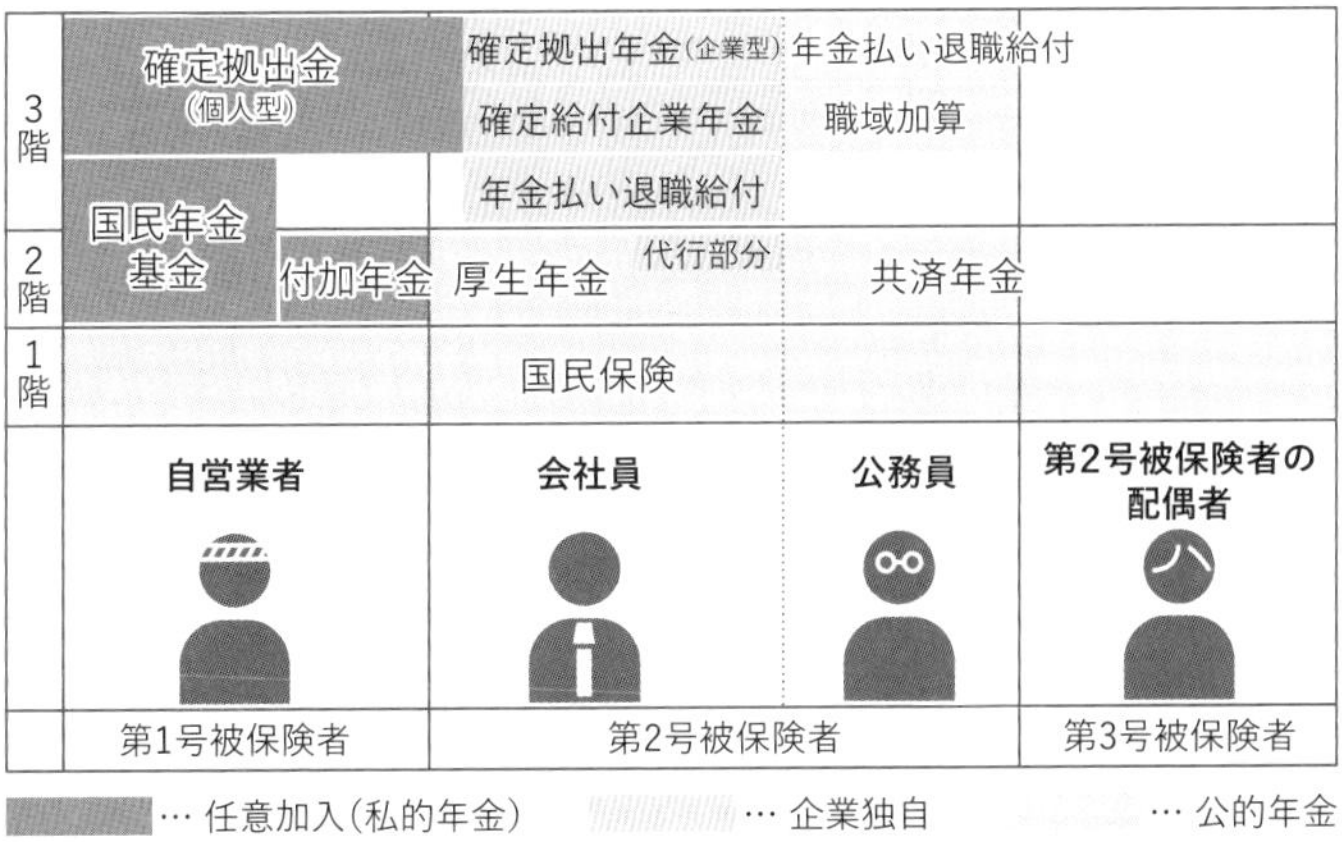

共済年金」、私立学校の教職員が加入する「私立学校教職員共済年金」というように、働いている場所ごとに別々の年金制度がありました。

それが徐々に厚生年金に一元化されていき、現在はすべての年金が厚生年金に一本化されています。

年金制度の構造は2階建てになっていて、1階部分が全国民に加入が義務付けられている「国民年金（基礎年金ともいいます）」があります。そして、2階部分が厚生年金になります。

ちなみに会社員、国家公務員、地方公務

員、私立学校の教職員のいずれにも属していない人たちがいます。自営業の人たちです。自営業の人たちは厚生年金に加入できないので、現状では国民年金のみに加入することになります。

本章の冒頭で、「年金だけで老後の生活を送るのは経済的に難しい」という話をしましたが、それは会社員などであれば「国民年金+厚生年金」から受け取る年金だけでは、老後の生活費が不足する恐れがあるという意味です。したがって、会社員や公務員など組織に属して働いている人の場合は、新たに「3階部分」をつくる必要があります。

また自営業者の場合は、国民年金に加えて**国民年金基金制度が設けられており、これを利用すると簡便的な2階部分を持つことができます**が、正直なところ国民年金基金に加入したとしても、「国民年金+厚生年金」で受け取れる年金額に比べると、かなり少額です。ですから自営業者の場合は、国民年金基金に加入するとしても、3階部分をかなり厚めにつくらなければなりません。

iDeCoの注意点

では、3階部分をどうするかですが、今、この部分について一番話題になっているのが**「確定拠出年金」**です。

さきほどの年金と同様、ここでは簡単な説明にとどめておきます。

年金制度は公的年金と私的年金に分かれます。公的年金とは「国民年金」と「厚生年金」のことです。そして、この2つの年金に上乗せする3階部分を「私的年金」といって、確定拠出年金はこの私的年金の一種になります。

そもそも確定拠出年金は日本では比較的新しい制度です。それ以前は企業と従業員が折半して「企業年金」の原資を出し合っていました。企業は運用利回りを従業員に約束していましたが、バブルが崩壊して厚生年金基金や税制適格年金を期待通りの利回りで運用できなくなりました。

もし仮に企業が運用利回りを3％と約束したとしたら、実際の運用が1％未満だとしても企業は3％で運用したとされる企業年金を従業員に補填（会社の自腹）して支払わなければならないのです。

皆さんも記憶にあると思いますが、年金の運用難を企業の自腹で補填して倒産の引き金となったのがＪＡＬです。その出来事から多くの大企業が、この確定拠出年金制度を導入し始めたのです。「企業は年金原資を出しますが、運用事体は従業員であるアナタがやってね」ということです。この部分はとても重要なポイントです。

株や債券、投資信託の運用は、損することもある

では詳しく見てみましょう。

確定拠出年金とは、払い込む保険料が確定している一方、受け取る年金の額が運用先の成績によって変動するというものです。

運用先は投資信託が用いられます。投資信託とは大勢の人から集めたお金で株式や債券に投資して、それによって得られた投資成果を、お金を出した人全員で分け合うという仕組みの投資商品です。

ただし投資成果が常にプラスであるとは限りません。 株式や債券などの価格変動商品を組み入れて運用しますから、株式や債券の価格が下落すれば、投資信託の価格も下落します。つまりプラスの運用成果もあればマイナスの運用成果もあり、それを等しく購入した人全員で分かち合うのです。したがって確定拠出年金は、どのような投資信託を選ぶかによって将来、受け取ることができる年金の額が変わってくるのです。

確定拠出年金は「企業型」と「個人型（通称iDeCo《イデコ》）」の２種類があります。

企業型は会社が社員の福利厚生の一環として加入している確定拠出年金のことで、保険料は会社負担になり、会社が運用会社と契約して用意した投資信託の中から、従業員が好きなように組み合わせて、自分が将来受け取る年金を運用します。言い換えると将来の受け取るであろう年金額はアナタの運用結果次第だということです。

これに対して個人型は、銀行や証券会社など個人型確定拠出年金を取り扱っている金融機関の窓口に行って、自分で契約します。もちろん保険料も自分のお財布の中から支払います。

何となく、保険料が会社負担になる企業型のほうが有利であるように見えますが、実は企業型の場合、確定拠出年金制度を導入している会社に就職しないと利用できません。また企業型はあくまでも「企業」を対象にした確定拠出年金であるため、公務員や第三号被保険者（専業主婦（夫）のことです）は加入できません。

そこで公務員や専業主婦（夫）でも確定拠出年金を利用できるようにしたのが個人型確定拠出年金（iDeCo）なのです。また企業型に加入している人でも、一定の条件を満たせばiDeCoを利用できます。

現状、1階部分に相当する国民年金、2階部分に相当する厚生年金に加え、**3階部分をつくるのであればiDeCoをはじめとする確定拠出年金が最適という意見が大勢を占めています。**

確定拠出年金の場合、加入対象年齢が60歳（2022年5月以降は65歳）までで、それ以降は毎月積み立てて運用してきたお金を年金として受け取る形になりますが、運用期間中に投資信託が値上がりして得られた収益の課税は、実際に年金を受け取るときまで先延ばしされます。また実際に年金を受け取るときも、各種所得控除が適用されるため、税制面で非常に有利です。

９割の人が見落としている iDeCoの税金とは

以上が、ｉＤｅＣｏをはじめとする確定拠出年金を勧めている人たちの言い分なのですが、**確定拠出年金個人型（iDeCo）には現状、表に露呈していない問題点があります。**それは**「特別法人税」**の存在です。

特別法人税とは、確定拠出年金の積立金に対して１・１７３％の税金がかかるというものです。この税金を「特別法人税」と言います。保有残高に対して１・１７３％の税金がかかるので税額が増えていくのです。すなわち、毎月掛け金を増やしていくため、残高が毎月、毎年増えていきます。増えていく保有残高に対して毎年税金がかかるので税金も増えていくのです。利息が増えるならともかく、増えるのは税金です。運用収益への課税が実際に年金を受け取るまで繰り延べられ、かつ年金受取時には各種所得控除が受けられるので税金メリットが大きいなどというふりをしながら、ちゃっかり年1.173％という特別法人税をいつでも取れるようなトラップが仕掛けられているのです。

ただし現状では、この特別法人税は凍結されています。本来であれば2020年3月31日で凍結が解除される予定でしたが、コロナなどの影響で、とりあえず2023年3月31日までは凍結される見通しとなったのです。したがって当面は課税されないと思われますが、個人型確定拠出年金の運用は長期になりますし（たとえば今、23歳の人が実際に年金を受け取れるのは42年も先の話になります）、この間に特別法人税の凍結が解除される可能性は十分に考えられます。

たとえば毎月1万円をｉＤｅＣｏに回すとします。払込金額は30年払い込むとすると３６０万円です（毎月1万円×12カ月×30年間＝３６０万円）。保有残高に対して１・１７３％の税金がかかるので30年間に支払う特別法人税は、たとえ運用益がゼロだとしても約65万円にも上ります。３６０万円に対して約65万円もの税金がかかってしまうのです。この部分はほとんどの人は知りません。国は税収の財源は何であれ、喉から手が出るほど欲しいワケですからね。

もし、特別法人税が導入されると、ｉＤｅＣｏのリターンは大幅に悪化する恐れがあります。いくら運用収益に対する課税が年金受取時まで繰り延べられるとしても、特別法人税は積立額に対して年１・１７３％ですから、かなりの負担増になるはずです。個人的にはこの悪税が完全に撤廃されるか、永久に凍結されることを願っています。

このことから、老後資産をつくるには、**まず「米ドル建て終身保険」を積み立てることで、年金の「3階建て」部分をつくり、それでも余力が残っていれば、ｉＤｅＣｏではなく、第5章で述べる米国株や米国ＥＴＦで対応されることを私は勧めます。**

人生の勝ち組になるためにも、米ドル建て終身保険で資産形成の一歩を踏み出してみてください。

コラム

私の米ドル人生記②

長期休暇を経て証券会社に入社

スイス銀行を辞めた後、1年くらい海外をフラフラしていました。世界中の人が集まった「アップウィズピープル」という混成劇団に入って、ホームステイをしながら全米、スカンジナビア、カナダ、ドイツなどでミュージカルをして回ったのです。

そんなことをしているうちに、ニューヨーク発の株価大暴落が起こりました。

1987年10月19日のことで、後に「**ブラックマンデー**」と呼ばれるようになる株価の急落です。

その頃は**マーケット**と無縁の生活でしたから、ホームステイ先の人たちが何か騒いでいるな～、と思った程度でした。

１９８８年１月、日本に帰国しました。当時、日本はバブル経済の真最中でした。景気は良いし、株価も最高値の更新が続いており、世界中から日本のバブル経済にあやかろうとして大中小さまざまな金融機関が、日本に現地法人をつくって進出していました。

正直、金融機関に戻るかどうするか悩みましたが、全部がスイス銀行のディーリングルームってわけでもないだろうしと思い、日本に進出してきた外資系金融機関の中では小ぶりでしたが、イギリスのミッドランド銀行が日本に設立した証券現地法人に入社しました。

そのときは、いくら何でも外国為替ディーラーに比べればまともな人間がいるだろうと思って、証券会社を選んだのですが、これも見通しが外れました。当時、日経平均株価が4万円に向かってどんどん値上がりしているところでしたので、忙しさ、激しさという点では外国為替ディーラーとほとんど変わらなかったのです。

この時期の、日本の熱狂ぶりは今も覚えています。価格が急騰したのは株式や不動産だけではなく、ゴルフ会員権やリゾート会員権、絵画などの美術品の価格も天井知らずで上昇していきました。しかも、それらを買うのに皆、借金してまで手に入れようとしたのです。

こうした価格上昇が悪いと言っているのではありません。株価も不動産価格も値上がりするということは、それだけ市場が将来の成長を積極的に織り込んでいる証なので、むしろ良いことです。

ただ、行き過ぎはいけません。実態と掛け離れた価格まで上昇すると、その後に来るのは大暴落です。実際、日本のバブル経済は1990年代に入って破裂し、それからは「失われた10年」、「失われた20年」などと言われるほど長期にわたって経済の停滞が続きました。

ちなみに、株価に至っては1989年12月29日に、日経平均株価が3万8915円で過去最高値を更新した後、下落し始め、途中で幾度となく上昇、下落を繰り返した結果、終値では2009年3月10日に7054円まで下落しました。高値から実に81・87%もの下落です。

話は戻りますが、1989年以降、さらなる景気過熱を恐れて、日銀は何度も**公定歩合**を引き上げました。公定歩合とはその国の基準となる金利のことです。今は「公定歩合」と言わなくなりましたが、当時は公定歩合を動かすと預貯金金利、ローン金利などあらゆる金利の水準が変わることから、日銀は景気や物価をコントロールする際に、公定歩合を操作したのです。

公定歩合は1980年3月19日に9%という最高水準を付けた後、徐々に低下し始め、1987年2月23日には2・5%まで引き下げられました。バブル経済が加速した理由のひとつは、この公定歩合の引き下げにあったと言われています。

この間、バブル経済で株価や地価が急騰したため、日銀はこの動きにブレーキをかけようとして、1989年5月31日から公定歩合を引き上げ始めました。このとき、3・25％まで引き上げられ、さらに同年10月11日に3・75％、同年12月25日に4・25％、1990年3月20日に5・25％、同年8月30日に6％まで公定歩合は上昇しました。

この時点ですでに株価も地価も急落していましたが、世間はまだバブル経済の余韻が残っていました。おかげで私も順調に転職ができました。ミッドランド銀行の証券現地法人には3年いて、営業担当者のアシスタントと副支店長の秘書を経験した後、アシスタントよりも上のポジションを約束されて、パリ国立銀行の証券現地法人であるパリ国立銀証券に移りました。（95ページへ続く）

攻めのドル、
守りのドル

知らないとヤバいお金の話

前の章で大切なことをお話ししました。それは、要約すると次の1行です。

モノの値段が上がり、お金（円）の価値が下がる。それをインフレと言う。

たとえばお金を運用せず、銀行預金などに寝かせたままの状態にしていると、手元にある1万円は永久に1万円のままです。

一方、モノの値段は常に動いています。スーパーマーケットに行けば、「最近、葉物野菜が高いなぁ」という話になりますよね。野菜も肉も魚も果物も常に時価です。定価はありません。

もし、１本２００円だった大根が５００円になったら、１０００円札で買える大根の本数は、５本から２本に減ってしまいます。**これは要するにお金の価値が目減りしたことを意味します。**１０００円札の額面は変わっていないのに、物価が上昇することによって、相対的にお金の価値が目減りしたことになるのです。

インフレが加速すると、日本国内のありとあらゆるモノの値段が上がっていきます。

それも年１～２%程度のインフレであれば、恐らく大勢の人はあまり実感することなく、気が付いたら「あれ？　少し最近モノの値段が上がっているな」という程度の実感で済みますが、年10%、20%のペースでモノの値段が上がり続けたら、確実に私たちの生活にとってマイナスの影響が生じてきます。

２０２０年に起きた新型コロナウイルスの感染拡大で、こういった「円の価値が目減りする」リスクは着実に高まっています。

新型コロナウイルスの感染拡大によって、経済的にはどのような影響が生じているのでしょうか。

会社がリモートワークになった。出張が減った。人の動きが少なくなった。飲食店や宿泊施設にお客さんが全然来なくなった。失業者が増えた。雇用を守ったり失業者の自殺を防いだりするため、政府や地方自治体はまだまだ不十分ではありますが、各種給付金や助成金を出してセーフティネットを構築した。

そんな一連の動きのなかで気になるのは、こうした給付金や助成金の「お金の出どころ」です。

皆さんは、「国はお金をたくさん持っているのだから、そこから払われているのだろう」などと考えていませんか。残念ながら今の国にお金はありません。何しろ**日本は世界でも最大の財政赤字大国**なのです。

財政赤字は、歳入と歳出のアンバランスによって生じます。歳入は税収がメインであり、歳出はたとえば公務員の給料や公共事業、そして今回のような特殊環境のもとで国民を救済するために払い出される給付金や助成金があります。

公債（国債と地方債）残高の推移

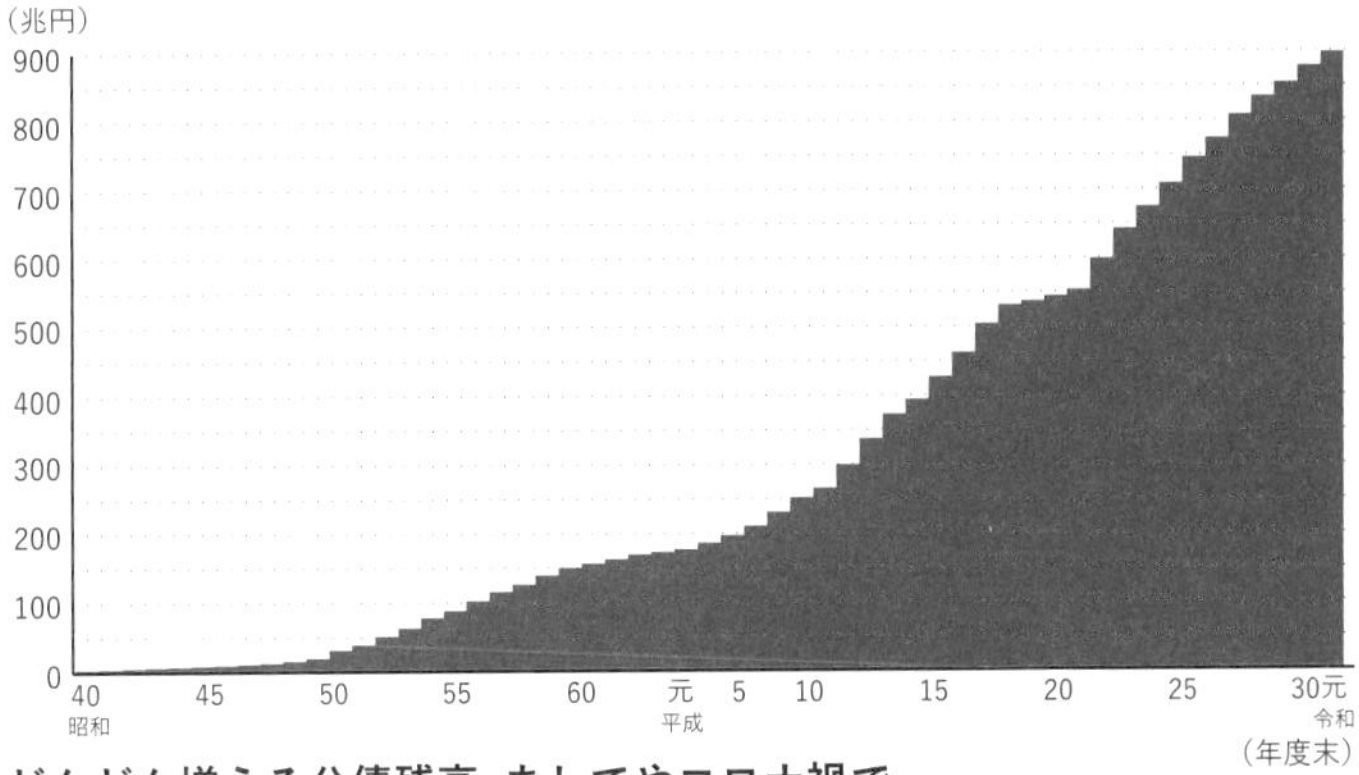

どんどん増える公債残高、ましてやコロナ禍で…

当然、歳入に対して歳出が上回れば、赤字が発生します。その赤字は**「国債」**※という国の借金によって穴埋めされます。

日本は1990年代に入ってからのバブル経済崩壊以降、毎年財政赤字を積み上げてきました。その財政赤字を穴埋めするための国債発行累積額は964兆円にも達します（令和2年度一般会計第2次補正後）。

ちなみに2020年度の国家予算によると、当初国債の発行額は32兆5562億円でしたが、新型コロナウイルス感染対策によって給付金や助成金を出すことになったため、国債の発行額が112兆5539億円に増額されました。

※ 企業や団体が銀行などから資金を借り入れたときに発行される借用証書の一種が債券ですが、その中でも国が発行する債券のことを「国債」といいます。（財務省 HPより）

もちろん、どれだけ財政赤字が累積したとしても、資金繰りがついているうちは何の問題もありません。

でも、いくら国の信用力が背景にあるからといって、無尽蔵に借金ができるはずはありません。このままの状態が続けば、いくら日本であったとしても、世界中の国々から「借金まみれの国」ということで愛想をつかされます。そうなったときが非常に怖いのです。

通貨は、その国の信用を表す

国が信用を失ったとき、まず何が起こるかわかりますか。

そうです。円が売られます。外国為替市場ではさまざまな国の通貨が売買されています。もちろん円も日々、米ドルやユーロといった外貨とともに取引されています。

そして、円を米ドルやユーロなどの外貨に替える際の交換比率が、「**外国為替レート**」

です。よくニュースなどで「円高」、「円安」と言われている、あれです。

詳しくは後の章に譲りますが、ともかく日本の信用が低下すれば、外国為替市場で円が売られます。結果、円安になります。

円安になれば、日本のように食糧や資源の多くを海外からの輸入に頼っている国では、それらの円建て価格が上昇します。つまり本章の冒頭でお話ししたようなインフレが加速します。

そうなったとき、もし手元のお金をずっと寝かせたままの状態にしておいたら、前にも説明したように、皆さんがお財布の中に入れている円の価値は、どんどん目減りしていきます。これまで1本200円で買えていた大根が、500円、あるいは1000円になるのです。

しかし、そのようにモノの値段が上昇したとき、お金をしかるべきところで運用し、物価上昇率以上にお金が増えるようにしておけば、「インフレでモノが買えない」という事態を回避できます。**つまり、私たちの生活を守ってくれるのは「外貨（ドル）」**

なのです。

Q

１米ドル＝１００円が１０５円になったとき、これは円高ですか、円安ですか。

A

円高？　いいえ、円安です。

「円高」、「円安」については勘違いしている方が結構いらっしゃいます。株価の場合、５００円が５５０円になったら「株高」ですし、５００円から４５０円になったら「株安」と言います。それなのに、為替レートの場合は１００円が１０５円になると「円安」であり、１００円が95円になれば「円高」なのです。

外国為替は円とそれ以外の外貨との交換比率です。米ドルと円の為替レートの場合、円高、円安の反対側には常に米ドル側から見た場合の高安があります。つまり円高の

円安（ドル高）になると……

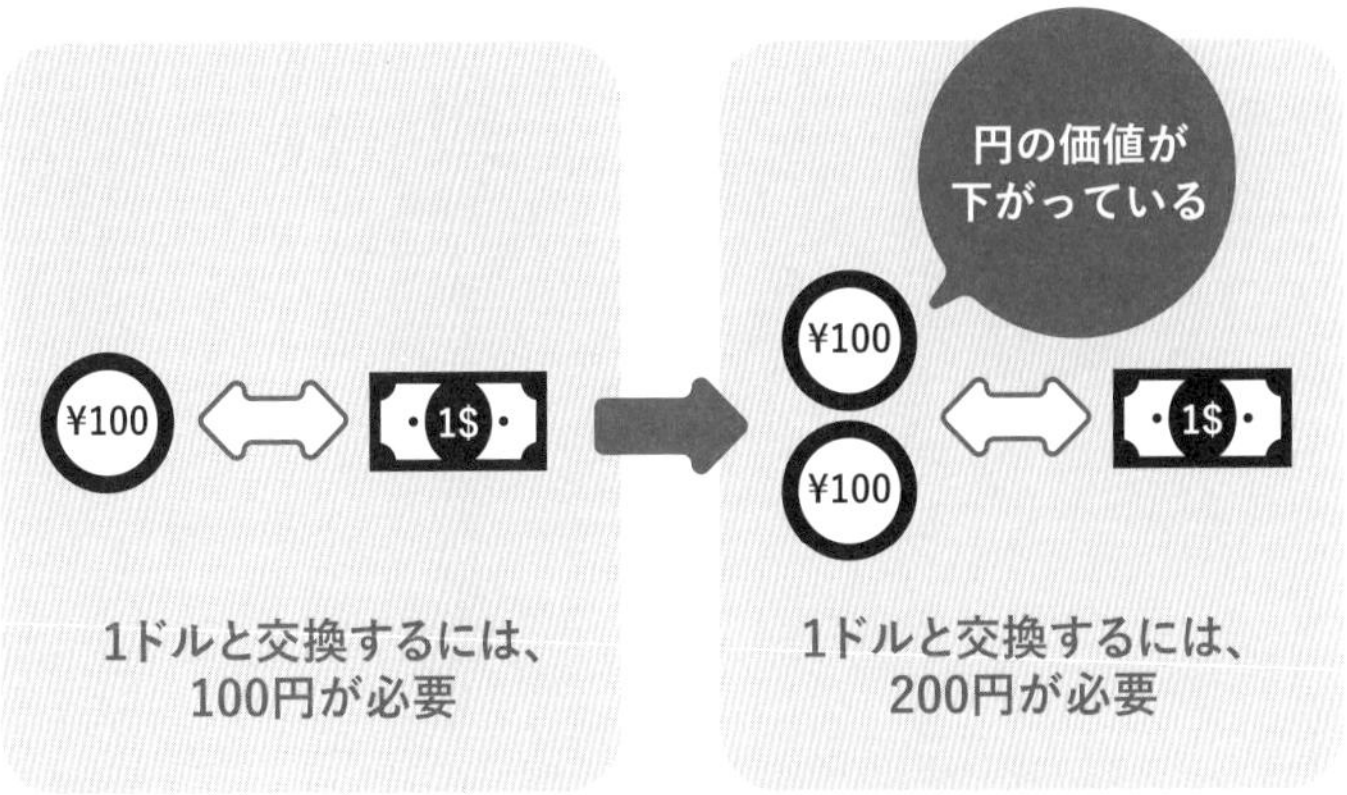
¥100
1$
円の価値が
下がっている
¥100
¥100
1$
1ドルと交換するには、
100円が必要
1ドルと交換するには、
200円が必要

反対側は米ドル安であり、円安の反対側は米ドル高になります。

要するに１米ドル＝１００円が１０５円になるのを米ドル側から見れば、米ドル高になります。１米ドルを支払うことで、今までは１００円しか受け取れなかったのが１０５円受け取れるようになるのですから、それだけ米ドルの価値が上がったことになります。反対に円の側から見ると、これまで１米ドルを得るのに１００円払えば済んだのが、１０５円払わないと１米ドルが得られないわけですから、円の価値は下がったことになります。したがって、米ドル高・円安ということになるのです。

以上は外国為替を知るうえで基本中の基本なので、理解があやふやな人は、ここで覚えてしまってくださいね。

知ってますか？　これからの人口推移

本書で、私は米ドルで資産形成することをお勧めしています。短期的には円高、円安を繰り返している米ドル／円ですが、**長期的に見れば、米ドルは円に対して値上がりする、つまり米ドル高・円安が進むという蓋然性《がいぜんせい》があるからです。**米ドル高は、すなわちドルを持っていると資産が増えていくことを意味します。

なぜ、長期的に考えたときに米ドル高・円安が進むのでしょうか。

先ほど触れた日本の赤字国債の増大も大きな一因ですが、**長期的な外国為替レート**

日本と米国の人口ピラミッド

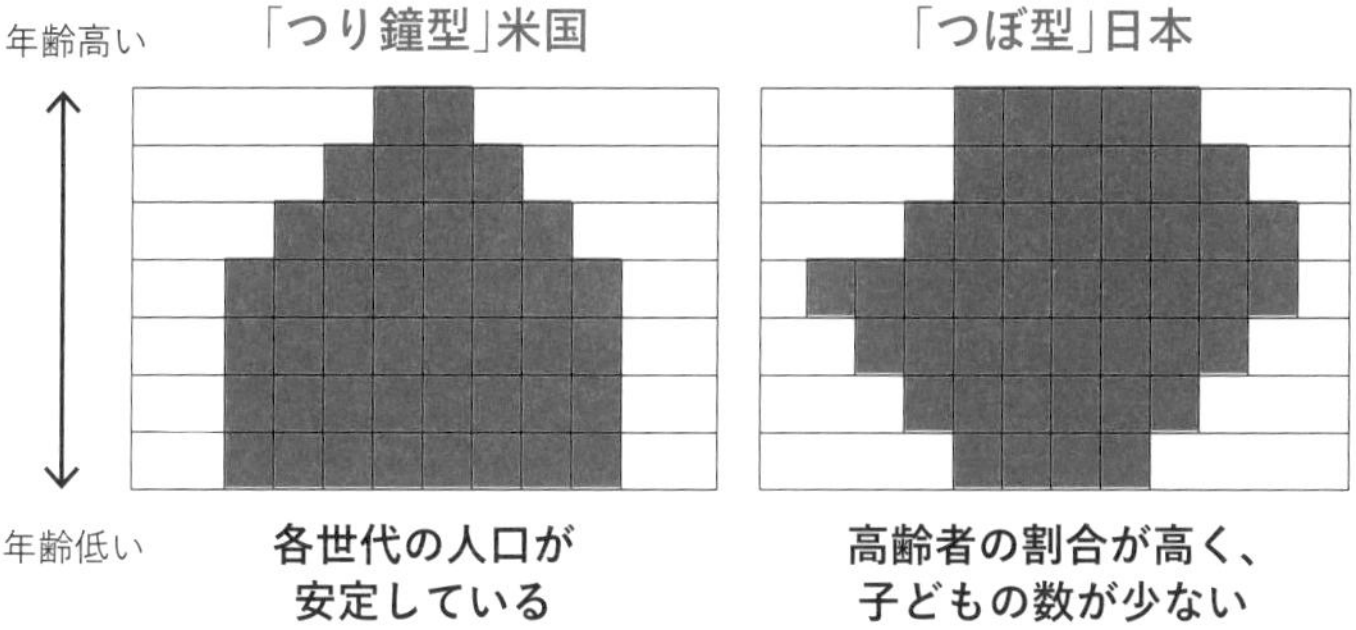

を動かす要因として一番注目されるのは「人口構成」です。先の章でも触れましたが、日本はこれから急速に人口が減少し、かつ高齢者人口が急増し、子どもの数は今の半分に減少していきます。これが日本経済を極めて厳しい状況に追い込んでいきます。

数字ばかりで恐縮ですが、２０１０年の日本の総人口が１億２８００万人で、これが２０６０年には８６００万人になります。つまり50年間で3割超の人口が減少するのです。これだけ短期間のうちに人口が3割超も減れば、経済の活力は低下します。

しかも２０６０年には65歳以上の老齢人

口割合が39・9％にもなり、急速に超高齢社会になることがわかります。そのうえ15歳から64歳までの生産年齢人口割合が50・9％まで落ち込み、0歳から14歳までの年少人口割合は1割を切って9・1％になってしまいます。

年少人口が減少すれば、彼らが徐々に成長して生産年齢人口になったとき、総人口に占める生産年齢人口の比率は、今以上に低下することを意味します。その一方で、老齢人口は今以上に増えて、人口ピラミッドは逆三角形になる恐れがあります。それが現実化したら、日本の経済はどんどん落ちていきます。

当然、長期的に見て円が買われることなどありません。

教科書的には、**強い国の通貨が買われる傾向があります**。たとえば強い国の株や土地を買いたいと思えば、その強い国の通貨を買う必要があるからです。多くの人がその強い国の通貨を買うと、その通貨は高くなります。また強い国は景気が過熱しすぎないように金利を高めに誘導します。すると低い金利の通貨を売って、高い金利の通貨が買われるのです。

かつては米ドル、英ポンド、円が世界三大通貨と言われた時代もありましたが、もはや円にその面影は一切なくなるでしょう。

強い米国経済は、ドル高・円安を招く

一方で、米国の人口は、これからどうなるでしょうか。

２０１０年の米国の標準人口は３億９３３万人で、２０６０年には４億１６８０万人になると見られています。まだまだ人口は増え続けるのです。もともと移民の国である米国は、移民政策がうまく機能しています。ちなみに２０５０年時点における米国の人口動態予測によると、年齢別の比率は次のようになります。

０～14歳……17・５％（９・１％）
15～64歳……61・３％（50・９％）

65歳以上………17・5％（39・9％）

ちなみにカッコの中の数字は、前出の日本の2060年における年齢別の比率です。10年のタイムラグはありますが、明らかに日本が超高齢化しているのがおわかりいただけるでしょう。**生産年齢人口の減少は生産性の低下につながり、経済の活力を後退させます。**

次に、米国の経済力と国力を見てみましょう。

経済力の指標として用いられる**名目GDP（国内総生産）**を見ていきます。

2019年の米国の名目GDPは21兆4332億3000万ドルでした。ちなみに日本の名目GDPは5兆7992000万ドルで、中国の名目GDPは14兆7318億1000万ドルです。

この時点で、世界の名目GDPは1位が米国、2位が中国、3位が日本ですが、将来的にこの順位には変動が生じるかもしれません。ワシントン大学の予測によると、２０３０年には１位米国、２位中国、３位日本は変わりませんが、**インドがドイツとフランス、イギリスを抜いて４位に浮上**。さらに２０５０年にはインドが日本を抜いて世界３位の経済大国になって、日本は４位に後退します。

また米国も１位の座を中国に明け渡すと予測されていますが、ワシントン大学の予測によると、さらに先の２１００年には、米国が中国を抜き返して再び世界１位の経済大国に返り咲くとなっています。

なぜ米国が２１００年に世界一の経済大国に返り咲くことができるのか。考えられる原因としては、やはり「人口」でしょう。中国の人口は、国連の「世界人口の見通し」によると、２０１９年時点でピークは２０３０年の14億６４３４万人となっていますが、そこから徐々に低下傾向をたどるようになり、２１００年には10億６４９９万人まで減ることが予測されています。しかも15歳以上64歳までの生産年齢人口は、２０２０年の10億１２１３万人から、２１００年には５億７９０１万人まで減る見通しです。

その一方で65歳以上の高齢者人口が増えていくので、今の日本と同様、高齢社会に突入していく可能性が高まっています。


このように中国で人口減少と高齢社会が進展する一方、米国は恐らく今と同様に移民政策が定着して、かつそれがしっかり機能し続けていれば、両者の経済規模が2100年に向けて逆転する可能性が高いと予測されたのではないでしょうか。

ちなみに、米国の個別企業に目を向けても、GAFA（グーグル、アップル、フェイスブック、アマゾン）を筆頭に、数多くの企業がグローバルで活躍しています（詳しくは173ページ）。

このように**ある国の景気がよくなると、その国の通貨の需要が高まり、通貨高をもたらします。**

長期的に見れば、米国経済は一時的に中国に抜かれる場面はあるかもしれないけれども、大きく崩れることはなく、結果、米ドルの地位も安定していると考えられるのです。

円安進行で日本経済は窮地に

ここまで触れてきたように、**米ドルが将来的に強くなるということは、裏を返すと円安が進むことを意味します。**

日本人はなぜか円安を好みます。

反対に、「円高は、好ましくない」というバイアスもあります。これは、日本は自動車産業やＩＴ産業など、輸出企業が多いためです。多くの輸出企業は海外で物を売ります。もし米国で物を売った売上金がドルで入金されると、円高の場合は手取りの円が少なくなってしまいます。ですので、円安が良しとされる傾向にあるからです。

円高が進みますと、「工場などの生産拠点が海外に移転して空洞化が起こる」とか、「１円の円高でトヨタ自動車の営業利益は４００億円減少する」といった情報が飛び交い、それがますます「円高＝好ましくないこと」という印象を植え付けています。

実際、円高が進むと輸出企業を中心にして日本の株価は下落、逆に円安が進むと株価は上昇する傾向が顕著に見られます。「円高は悪いこと、円安は良いこと」という意識は、私たち日本人の間に根強く染みついています。

では、本当に円安になったほうが良いのでしょうか。

Q

日本企業は輸出で儲けているから、円安だと企業業績が良くなり、給料も増えるのでは？

A

それは恐らく幻想でしょう。

日本の輸出額の92％は、東証1部上場の大企業に集中していると言われています。

そして円安が進めば、輸出企業の業績が良くなりますから、社員に対して還元されると期待されています。

でも、実際には円安になったからといって、輸出企業の社員の給料が上がることはありません。それは日本に特有の雇用制度があるからです。

米国企業の場合、まさに私がそうだったように、業績が悪化するとすぐに首切りが始まります。その代わり、景気が良くて業績が好調のときは、その分だけ高い報酬を受け取ることができます。

ところが日本企業の多くは、景気が悪く、業績が悪化しているときもそう簡単に社員の首を切れませんし、賃下げもできないため、逆に景気が良いときでも大幅な賃上げが望めないのです。

ご参考までに日本を代表する企業の年収の推移とドル円を記した表を挙げました。両社は、ともに輸出で稼いでいる企業です。

給料が上がらないことに加えて、これからの日本は人口が減少傾向をたどっていき

平均年収の推移

パナソニック

令和1年:755万円
平成30年:774万円
平成29年:768万円
平成28年:781万円
平成27年:789万円（2015年 1ドルは125円前後）
平成26年:756万円
平成25年:691万円
平成24年:731万円
平成23年:790万円（2011年東日本大震災 1ドルは80円前後）

キヤノン

令和1年:761万円
平成30年:779万円
平成29年:782万円
平成28年:763万円
平成27年:787万円（2015年 1ドルは125円前後）
平成26年:769万円
平成25年:755万円
平成24年:758万円
平成23年:766万円（2011年東日本大震災 1ドルは80円前後）
平成22年:753万円
平成21年:716万円
平成20年:812万円

為替と平均年収の関係は見られない

ます。結果、経済成長が期待できないので、輸出企業はたとえ大幅な円安が進んだとしても、社員の賃上げはしないと考えられます。

ということは、**物価には上昇圧力がかかるのに、肝心の給料が増えないのですから、庶民の生活はますます厳しくなります。**当然、経済はますます悪化していくでしょうし、そのような国の通貨が外国為替市場でどんどん買われるような対象になるとは考えられません。

「生産性の向上」で、日本経済は復活するのか？

日本政府は今、生産性の向上を盛んに言っています。デジタル革命によって人口が減っても生産性を向上させる。1億総活躍社会を掲げて誰もが働ける社会にする。さらに60歳定年を70歳に引き上げて、1億総活躍社会の仕上げとする。こんなイメージかもしれませんが、正直、ピントがずれています。

高齢者を正社員のまま雇い続ければ、若い人たちはなかなか上に上がることができずにやる気が失われていくでしょう。

それに、高齢になっても自発的に仕事を見つけて収益に結びつけられるだけのスキルを持っていれば雇用する意味があるのですが、なかにはひたすら生活のため、大した仕事もできないのに組織にしがみつこうとする人がたくさん出てきそうです。

これではますます日本の会社は疲弊し、世界から取り残されていくでしょう。

加えて**デジタル革命による生産性向上ですが、これも行きつく先は失業者の増加です**。デジタル化を進めれば進めるほど、現場では人がいらなくなります。工場の1ラインを動かすのに10人の労働者を必要としていたのが、AIとロボットによって2人で済むようになったら、残りの8人はどこで働けば良いのでしょうか。そういうことが至るところで起こるようになりますから、デジタル化による生産性の向上は間違いなく失業者を増やします。

つまり本格的な人口減少・超高齢社会になると、打ち手が無くなるということです。これで円が高くなるなどということは、ほとんど考えられません。

さらに言えば、これも前述しましたが日本の財政問題です。世界で最悪と言っても過言ではないくらいの財政赤字を抱えていますから、このままの状況が続けば、日本は「借金まみれの国」ということで世界から信用を失います。そして、1000兆円まで膨れ上がった累積赤字を短期間で解消する方法は、ありません。当然、円は長期的に売られます。

長期的に円が売られるのですから、外貨を持つしかないのは自明です。世間では外貨投資はリスク資産とみなされているので、「余裕資金の一部で持つようにしましょう」などと言う専門家もいますが、私は余裕資金の一部で持つなどということでは、もう駄目だと考えています。**正直、自分が持っている資産の40〜50％は急な出費のために円で持ち、残りの50〜60％は外貨建てで保有しても良いのではないでしょうか。**

そのくらい、日本は今、危機的な状況に直面しつつあるのです。

努力しても、社会的な負担は増えていく

日本経済は、人口が減少していくから成長できない、と述べました。

人口減少はそれだけで国力、とりわけ経済力を衰えさせることにつながりますが、問題は同時に超高齢化が進むことです。総人口に占める65歳以上の人口の割合は、２０１５年時点では26・６%だったのが、２０２０年の推計値は28・９%です。この数字は年々上昇していき、総人口が１億人を割り込む２０５３年には、38・０%にも達します。

「生産年齢人口」という言葉をご存じでしょうか。これは、生産活動に従事できる年齢の人口を示しています。つまり「働くことのできる人」という意味で、年齢的には中学校を卒業した15歳から、定年を迎える65歳の手前である64歳までがこれに該当し

65歳以上の人口比率（2015年と2053年）

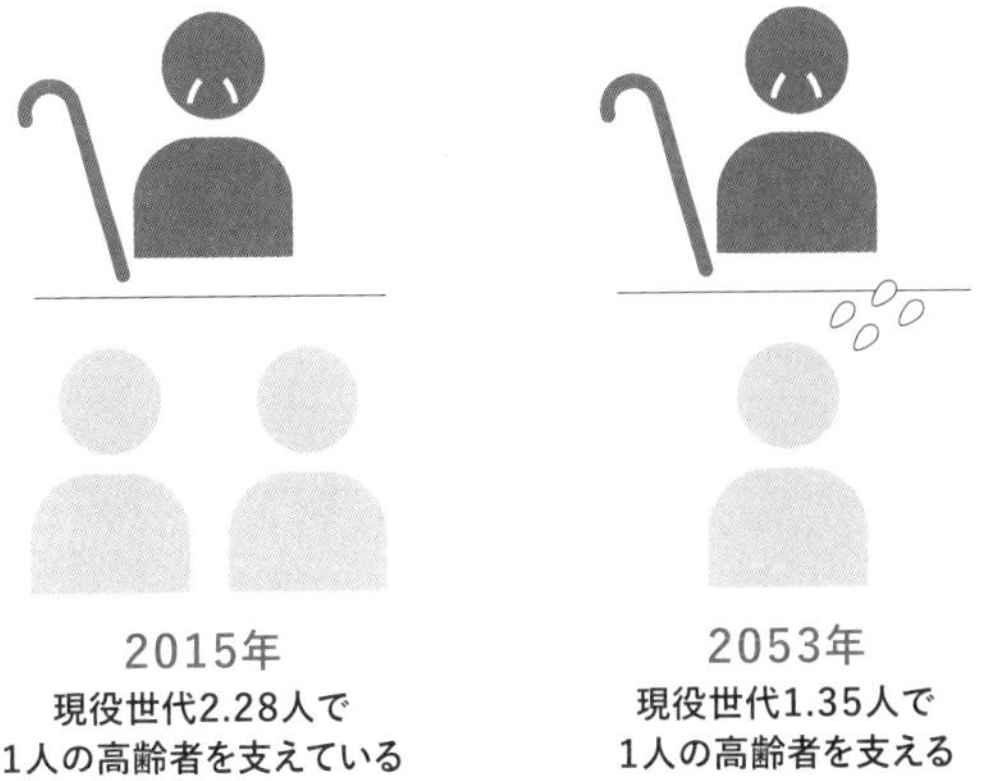
2015年
現役世代2.28人で
1人の高齢者を支えている
2053年
現役世代1.35人で
1人の高齢者を支える

ます。いわゆる「現役世代」です。

２０１５年における15～64歳人口は７７２８万２０００人。これに対し65歳以上の高齢者人口は３３８６万８０００人ですから、現役世代２・２８人で１人の高齢者を支えていることになります。

これが、２０５３年にはどうなるのかというと、現役世代人口５１１９万３０００人に対して、高齢者人口が３７６６万５０００人ですから、現役世代１・３５人で１人の高齢者を支えることになります。この38年の間に現役世代人口が34％も減少し、高齢者人口が11％も増加するため、現役世代の負担が増えるのです。

これがどういう意味か、わかりますか。**働き手が減る一方で年金を受け取る人が増えるということです。**

日本の年金制度は「賦課方式」といって、高齢者の年金支給に必要な財源を、現役世代から徴収した年金保険料で賄っています。つまり高齢者人口が増えれば増えるほど、現役世代の社会保障負担が重くなるのです。給料は増えず、社会保障負担は重くなるわけですから、現役世代の可処分所得はどんどん減っていきます。その分だけ貯蓄に回す余裕も無くなります。

これまで本章で述べてきたように、日本の国としての信用が落ち、それによって円安が進行する可能性が高いとしたら、**すべての資産を円で持つのは危険です。**「円安↓インフレ（物価上昇）↓円の価値下落」という流れをたどるのは必定だからです。円安のリスクを最小限に抑えて、**これまでの暮らしを守るためには、保有資産の一部を外貨建てで保有する必要があります。**

ただ外貨に投資すると言っても、日本国内から投資できる通貨の種類はさまざまです。しかし、目移りする必要はありません。米ドル一択です。詳しくは次章で述べますが、米ドルの強さが際立っているからです。

したがって、株式や投資信託、預金や債券などさまざまな金融商品の中から、米ドル建ての何かに投資すれば良いのです。

コラム

私の米ドル人生記③

業界再編のなかで

1989年末にバブルが頂点に達したのち、景気が悪化していくなかで、日本に進出した外資系金融機関も撤退したり、統合・再編の波に飲み込まれたりするところが出てきました。

パリ国立銀証券では営業こそ担当はしませんでしたが、お客様からいただいた注文を電話で市場につなぐといった、ちょっとだけトレーダーに近いような仕事を経験しました。そこに約1年いた後、チームごと移籍の話が出て、スイスフォルクス銀証券に移籍しました。この頃からお客様に株式を買ってもらうため、企業調査を行うようになりました。

そうはいっても、トヨタやパナソニックのような大企業は相手にしてくれません。何しろスイスフォルクス銀行は、スイスの一地方銀行程度の規模しかありませんでしたし、その証券子会社なんて、日本の大企業が相手にするほどのものではなかったのです。

そこで中小の企業に足を運んで企業調査をするようになりました。この仕事が結構楽しくて、有望企業を探している機関投資家のところにも足を運んで銘柄の話をするようになったのですが、しばらくするとこの会社がスイスの大手投資銀行であるクレディ・スイスに買収されてしまい、私は自動的にクレディ・スイス・ファースト・ボストン証券に移籍することになりました。

ここではおもにヘッジファンド※を担当している外国人セールスのアシスタントとして日本株のセールスに携わりました。

ところが転職してまだそれほど時間が経っていないうちに、クレディ・スイス・ファースト・ボストン証券が日本株の取り扱いから撤退することが決まりました。会社の決定とあっては、もうどうしようもありません。当時、セールスからアナリストまで、日本株に関係している部署はすべて廃止。

もちろん、その部署で働いていた人たちは皆、即日クビを言い渡されました。それが1995年、あのオウム真理教による地下鉄サリン事件が起こった日の数日前のことでした。（122ページへ続く）

※ さまざまな運用手法を使い、市場が上がっても下がっても利益を追求することを目的としたファンド。ヘッジ（hedge：避ける）という意味で、相場が下がったときの資産の目減りを避けるといったところから用いられる。

世界はドルで回っている

外貨にはいろいろな種類があるけれど

第3章では世界がどのような歴史を経て、それとともに外貨がどのような変遷をたどってきたのかを学びます。世界の歴史と通貨は切っても切れない関係にあるからです。そして今後、世界がどうなるかを知る重要な知識となります。

「外貨」と、ひとことでいってもたくさんの種類があります。

ざっと主要なところを言うと、米ドル、ユーロ、英ポンド、スイス・フラン、豪ドル、ニュージーランド・ドル、人民元、韓国ウォン、シンガポール・ドル、香港ドル、ロシア・ルーブル、トルコ・リラ、ブラジル・レアル、南アフリカ・ランド、といった具合に、それこそ国の数ほど通貨の種類があるといっても過言ではないでしょう。

そして、それぞれの通貨について、対円の為替レートがあります。よくニュースなどで「今日の東京外国為替市場のドル円レートは1ドル＝110円でした」などとアナウンスされますが、あれは米ドルが対円でいくらであるかを伝えています。ニュースではせいぜい米ドルとユーロの対円レートくらいしか伝えられませんが、実はそれ以外にもさまざまな通貨について対円のレートが存在するのです。

では、**外貨に投資する場合、どの通貨を選べば良いのでしょうか。**先にも触れていますが、それは米ドル一択です。なぜなら米ドルこそ通貨の王様だからです。

皆さんは「**基軸通貨**」という言葉を聞いたことがありませんか。辞書などにはこう書かれています。

「国際通貨のなかで中心的、支配的な役割を担っており、国際貿易取引や国際金融取引で基準として採用されている通貨のこと。世界各国のなかで、経済的に最も強い力を持った国の通貨を基軸通貨とするのが一般的」

要するに、経済的に最も強い国はどこであり、その通貨は何か、ということを考えれば答えは明らかです。本章で詳しく述べますが、結論から言うと、**現状、経済的に**

最も強いのは米国であり、その通貨は米ドルです。今の基軸通貨は米ドルです。

通貨の歴史を振り返る

基軸通貨は時代の流れによって変わっていきます。たとえばかつてはイギリスが世界の覇者であり、20世紀初頭の基軸通貨は英ポンドでした。17世紀以降、産業革命が起こり、植民地政策を取り、制海権を握り、イギリスは大英帝国として世界の覇者として君臨しました。

そのなかで英ポンドが世界中に流通し、貿易決済や金融取引に用いられるようになり、英ポンドは基軸通貨となったのです。

しかし、１９２０年あたりから徐々に大英帝国の威光にも陰りが見えてくるようになりました。経済力が低下したことに加え、第一次世界大戦や世界大恐慌の影響を受けたイギリスの国力がどんどん後退していったのです。

それに取って代わって登場したのが米国です。すでに19世紀末には、米国の経済力はイギリスのそれを凌駕するまでになっていたそうですが、欧州が二度の世界大戦で戦場化したこともあり、第二次世界大戦が終結した頃には、イギリス経済は完全に疲弊していました。

結果、米ドルは第二次世界大戦以降、いよいよ世界の基軸通貨として君臨するようになったのです。すでに米国の経済力に対抗できる国は、どこにもありませんでした。

もちろん米ドルが現在に至るまで順風満帆に来ているわけではありません。

第二次世界大戦が終結したとき、戦後の為替相場を安定させるために設けられたのが「ブレトンウッズ体制」でした。この体制の下、各国通貨の対米ドルレートが固定される「固定相場制」が採用されました（1949年1月）。これは戦後の経済復興を目指すなかで、外国為替レートを固定したほうが、自由貿易が発展して世界経済の安定と成長につながると考えられたからです。ちなみに**日本が戦後、この体制に参加したときの為替レートは、１米ドル＝３６０円**でした。

ところが、このブレトンウッズ体制は1971年に崩壊しました。固定相場制を維持するため、米ドルはいつでも必要に応じて、1オンス＝35米ドルで金と交換できる仕組みになっていたのですが、このように米ドルの価値が金を裏付けにしたものだったため、米国経済がより大きく成長していくなかで多額の米ドルを必要としたにもかかわらず、金の採掘量や保有量がそれに追い付かなくなり、経済成長に見合うだけの米ドルを発行できなくなる恐れが高まったのです。

そのため1971年に、当時の米国大統領だったリチャード・ニクソンは突然、米ドルと金の交換を停止してしまいました。これが**「ニクソンショック」**であり、それにより米ドルを基軸通貨とする国際通貨体制が大きく動揺しました。そして固定相場制は維持できなくなり、現在の変動相場制へと移行していったのです。

その後も幾度となく米ドルは危機に見舞われています。

たとえば1985年9月の**「プラザ合意」**は、米ドル高が米国の貿易赤字拡大の元

ドル円の為替相場

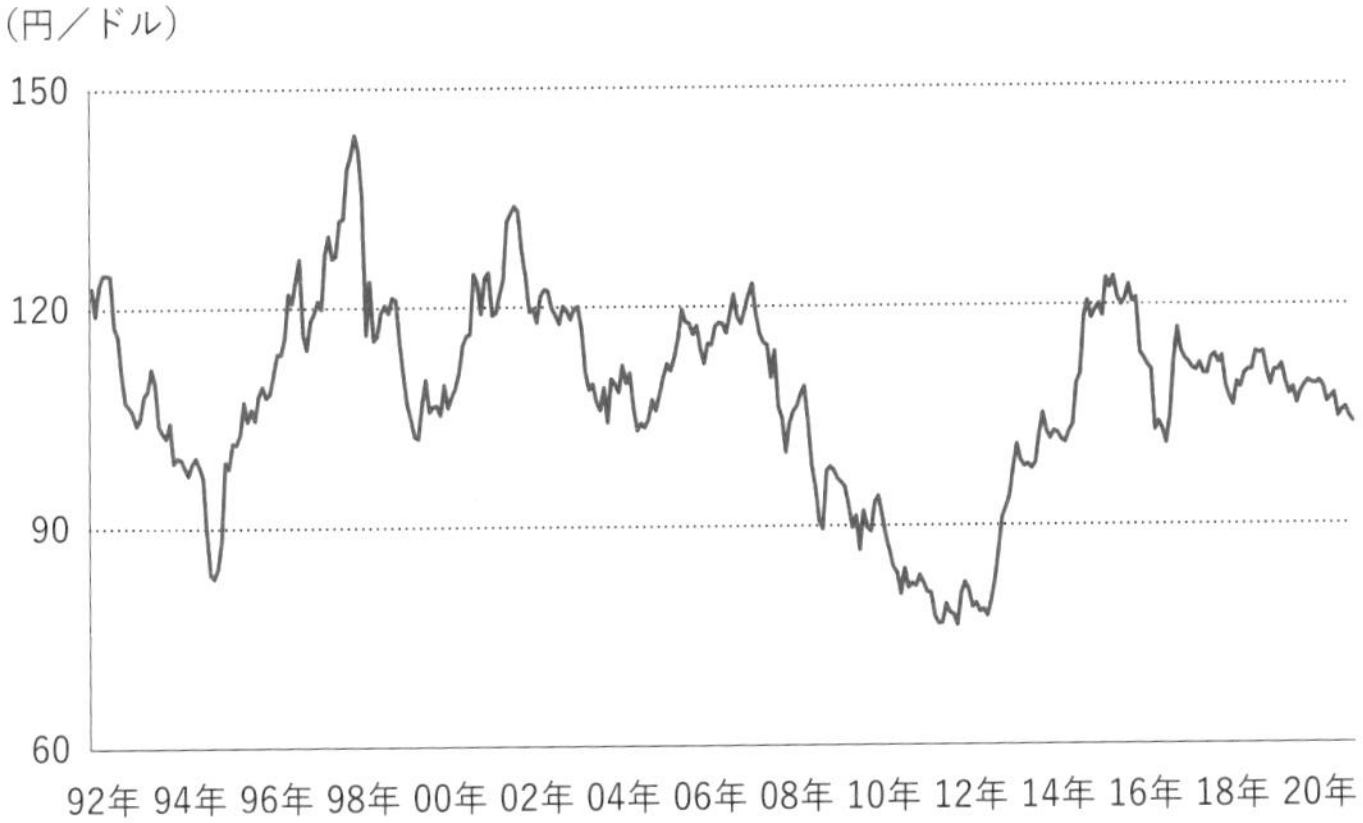

凶ということで、主要各国の通貨当局が米ドルの**為替介入**※**（ドル売り介入）**を行うことで合意し、米ドル安が進みました。プラザ合意の直前、1米ドル＝240円前後だったのが、プラザ合意を経て1米ドル＝200円程度まで米ドル安となり、さらに1987年には140円を割るところまで米ドル売りが加速しました。

　このほかにも、1987年10月のブラックマンデー、1998年10月のヘッジファンド危機、2000年3月のITバブル崩壊、2007年秋口のサブプライムショック、2008年9月のリーマンショックと続き、その都度、米ドルは大きく売られて

※ 為替介入（外国為替市場介入）は、通貨当局が為替相場に影響を与えるために、外国為替市場で通貨間の売買を行うことで、正式名称は「外国為替平衡操作」といいます。為替介入の目的は、為替相場の急激な変動を抑え、その安定化を図ることです。（日本銀行HPより）

きました。

しかし、それでもまだ米ドルは基軸通貨の座を他国通貨に譲っていません。今、中国が経済力をつけて、人民元を基軸通貨にしようと画策しているように見えますが、それでも米ドルの世界の基軸通貨としての立場は、当面揺るがないと思われます。その理由について考えてみましょう。

ドルの取引量は、世界全体の8割超

外国為替市場で取引されている通貨の大半は、対米ドルが大半を占めています。国際決済銀行（ＢＩＳ）が２０１９年12月に発表した「外国為替市場全体の１日の平均取引量は約６兆５９５０億米ドルでした。日本円に換算すると約６５９兆円にもなります。

６兆５９５０億米ドルなんて、もはや天文学的な数字にしか見えませんが、どの

通貨ペアごとの１日の平均取引量に占める割合

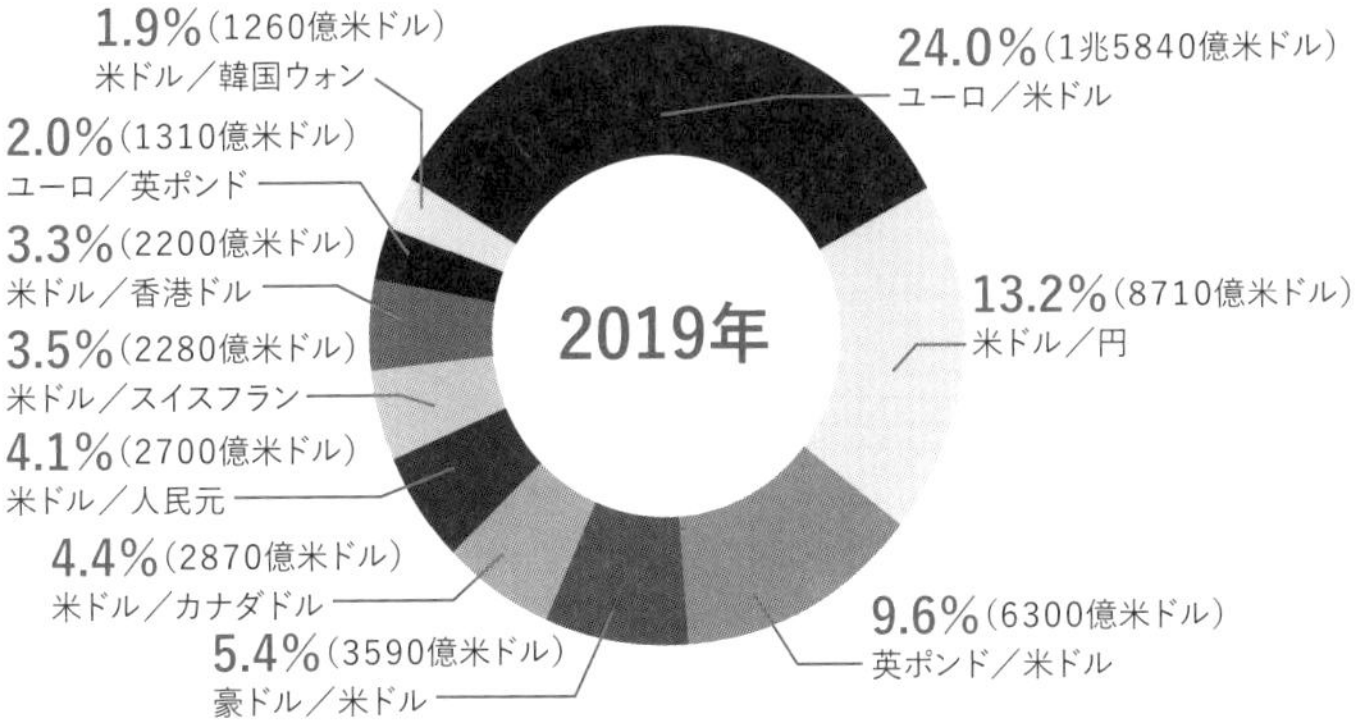

通貨ペアに占める米ドル絡みの取引シェアは80.3%

「通貨ペア」の取引量が多いのかを見てみましょう。外国為替取引は、米ドルと円、米ドルとユーロというように、異なる２つの通貨を交換する取引なので、どの通貨を売ってどの通貨を買うのかという組み合わせを**「通貨ペア」**と称しています。

この通貨ペアごとに１日の平均取引量に占める割合を見ると、上図のようになります。ちなみにカッコの数字は取引量です。最も取引量の多い通貨ペアから時計周りに並べていきます。

１日の取引量のトップ10の通貨ペアにほ

とんど米ドルが入っています。上位10のうち実に9つの通貨ペアが対米ドルの取引です。

なお、ここでは割愛しますが、トップ20のうちでは17通貨ペアが対米ドルの取引です。6兆5950億米ドルという1日の平均取引量のうち、米ドルが絡む取引の額は、トップ20の通貨ペアだけで5兆2950億米ドルにも達します。**ちなみに全通貨ペアに占める米ドル絡みの取引シェアは88・3%**。このように1日に行われている外国為替取引の大半が、米ドル絡みになっているのです。これが基軸通貨であることの何よりの証拠といっても良いでしょう。

ちなみに「中国の人民元が米ドルに代わる基軸通貨になる」といった意見も最近ありますが、現状、人民元をベースにした外国為替取引のシェアは4・3%でしかありません。もちろん、これから先、この数字がさらに上昇していく可能性はありますが、88・3%ものシェアを持つ米ドルに取って代わるには、まだかなりの時間を必要とするでしょう。そのくらい米ドルという通貨は世界中の隅々まで行き渡っており、さまざまな貿易取引、金融取引に用いられているのです。

天ぷらそばは、アメリカご飯

実は私たちの日常生活にも、米ドルは深く、広く関わっています。

代表的な食べ物で考えてみましょう。ピザやパスタ、パンやうどんの価格は、日本の食品メーカーが作ったものでも、実は米ドルの値動きの影響を受けます。なぜならこれらの原材料となる小麦粉は、大半が海外から輸入されているからです。

またキリンビールやサッポロビールなどのビールメーカーが日本国内で製造しているビールも、その原材料である大麦は海外からの輸入品です。

典型的な和食と考えられている「天ぷらそば」は、ほぼすべての具材が輸入品です。そば粉、エビ、天ぷらの衣、醤油などの原材料はほとんどが海外から輸入されたものです。**和食だと思っていた天ぷらそばは、97％が輸入品で作られているのです。だか**

ら天ぷらそばは、和食ではなく「アメリカご飯」なのです。

そして醤油の原材料は大豆です。大豆はほとんどを海外からの輸入に頼っていますから、その輸入が止まれば日本を代表する調味料の醤油や味噌、そしてお豆腐さえも作れなくなるのです。

ところで皆さんが乗っている自動車は国産車ですか。それとも輸入車ですか。輸入車の値段は当然ながら米ドルの値動きの影響を受けます。円安が進めば小売価格は値上がりします。

一方、国産車の場合はどうでしょうか。国産車だからといって全く米ドルの値動きから影響を受けないわけではありません。

たとえば自動車のボディに使われる「鋼板」や「アルミ」の原材料、タイヤに使うゴム、シートや内装に用いられる革など、かなり多くの部分を海外からの輸入に頼っています。また、自動車を動かすのに必要なガソリンは、ほとんどが中東などの産油国から輸入されています。**米ドル高（＝円安）になれば、日本国内に輸入される原油**

日本は海外への依存度が非常に高い

エネルギー

鉄鉱石	100%	LNG（液化天然ガス）	97.6%
石炭	99.5%	LPG（液化石油ガス）	72.8%
原油	99.7%		

衣料

羊毛	100%	その他衣類	98%
綿花	100%		

食料

トウモロコシ（飼料）	100%	砂糖類	66%
エビ	91.3%	果実	62%
大豆	94%	魚介類	45%
小麦	88%	肉類	49%

米は大半が国内産で、輸入依存度は3%

住

天然ゴム	100%	木材	67.6%

「SHIPPING NOW 2020-2021」（日本船主協会が各種統計をもとに作成）による

の円建て価格は値上がりし、ガソリンの価格も上昇します。

家にある家具の木材の多くは東南アジア産です。これも原油などと同じ理屈で、米ドル高（＝円安）が進めば円建て価格（円による価格）が値上がりします。

これまで実際に、海外高級ブランド品、国産ウイスキー、ガソリン価格なども円安による原材料費や燃料費、物流費の高騰によって、価格が引き上げられてきました。

天ぷらそばは、アメリカご飯だった

こうした身の回りの物を輸入できなければ、私たちの生活はあっという間に立ち行かなくなります。**それほどまでに日本での暮らしは海外からの輸入品に依存した構造になっているのです。**それはつまり、日本で買うモノの値段が、米ドルの値動きに連動することを意味します。そう、**皆さんのお財布の中には米ドルが入っているのと同じなのです。**

中東でもオセアニアでも貿易はドル決済

ところで、先ほどから「外貨」ではなく「米ドル」と言っている理由について説明しましょう。

ここまで読んだ方のなかには、「でも原油って中東から来るのだから、米ドルじゃなくて中東の通貨で払っているんじゃないの？」と思っている人もいらっしゃるのではないでしょうか。事実、品目別にどこからの輸入が一番多いのかを調べると、原油はサウジアラビアですし、鉄鉱石はオーストラリア、ＬＰＧは米国からの輸入比率が最も高くなっています。羊毛や衣類は中国から、大豆と小麦は米国からの輸入が最大規模です。

オーストラリアの通貨は豪ドル、サウジアラビアの通貨はサウジアラビア・リヤルですが、日本がサウジアラビアから原油を買い付けたときの支払い代金、あるいはオーストラリアから鉄鉱石を買い付けたときの支払い代金は、いずれも米ドルです。サウジアラビア・リヤルや豪ドルが使われることはまずありません。

なぜなら米ドルが基軸通貨だからです。 米ドルが基軸通貨である以上、世界中のさまざまなところで行われている貿易取引の決済は、ほとんど米ドルで行われます。余談ですがブラジルなどの人気のリゾートホテルでは、宿泊代は自国のブラジル・レアルではなく、米ドルしか受け付けないホテルもあるくらいです。

このように世界中から日本に輸入されたモノは、米ドルで決済されたうえで、それらが店頭に並べられたり、あるいは原材料に使われて製品ができ上がり、それが小売店などの店頭に並べられたりしますが、不思議なことに私たち一般の消費者がこれらを小売店の店頭で買うときの値段は円による表示、つまり「円建て」になります。

ちなみに２０１９年７月に財務省から発表されたデータによると、日本から米国に輸出したときの通貨は、米ドルが85・８％であるのに対して、米国から日本に輸入されたときの通貨は、米ドルが77・８％と、圧倒的に米ドルが用いられているのがわかります。

ですから外国為替、特にドル円相場を、「なんだかよくわからないから」ということでスルーするのではなく、**自分たちの家計に密接な関係を持つ「変数」として、大いに興味を持ってください。**この広い世界中で、外国為替レートに無関心でいることが許されるのは、米国民だけといっても過言ではありません。

外貨準備は圧倒的に米ドル優位

「外貨準備高」という言葉をご存じですか。

これは、各国の中央銀行や政府の金融当局が保有している外貨のことです。なぜ外貨を保有しているのかというと、たとえば日本で通貨危機[※]が起こり、海外諸国から借り入れている外貨建ての債務の返済が困難な状況に陥ったとき、この外貨準備の一部を取り崩して、返済に充てられるようにするためです。

また、自国通貨が外国為替市場で大きく売られたとき、**つまり日本であれば円が大きく売られて円安が急激に進んだときの対処として外貨準備が用いられます。**また逆も然りです。

これまで見てきたように、円安が進むと、日本国内の物価には上昇圧力がかかります。1米ドル＝110円で輸入できていたものが、1米ドル＝150円になったら、日本国内に輸入されているさまざまなモノの円建て輸入価格は上昇しますから、その分だけ日本国内の物価は上昇してしまうのです。

もちろん、この物価上昇が国民生活にマイナスの影響を及ぼさない程度のものであれば、多少円安が進んでも問題ないのですが、短期間で円が急落した場合は、国内経

※ 通貨危機とは、債務返済能力への懸念等からある国の通貨の対外的価値が急激に下落することや、その結果経済活動に深刻な影響が及ぶ状況を指します。(日本銀行HPより)

済への悪影響が懸念されます。
そのため、日銀は外貨準備の一部を取り崩し、その外貨を外国為替市場で売ることによって、円安を修正しようとします。これが**「円買い介入」**です。

このように外貨準備は、通貨危機などによって対外決済ができないようなときのセーフティネット（安全網）であるのと同時に、自国通貨買い介入を実施する際のリザーブ（積立金）になるのです。ちなみに２０２０年10月末時点における日本の外貨準備高は、総額で1兆３９４６億８０００万ドルです。これを1米ドル＝１１０円で円ベースに直すと、なんと１５３兆４１４８億円という途方もない数字になります。

また国際通貨基金（ＩＭＦ）が世界各国から報告を受けて取りまとめた数字によると、２０１９年６月末時点における全世界の外貨準備高は総額約11兆７３３０億ドルになりました。11兆７３３０億ドルの通貨別内訳とその比率は次ページのようになります（カッコ内は外貨準備として保有されている割合です）。

世界の外貨準備高（通貨別）

①	米ドル	6兆7920億ドル（61.63%）
②	ユーロ	2兆2430億ドル（20.35%）
③	日本円	5970億ドル（5.41%）
④	英ポンド	4890億ドル（4.43%）
⑤	人民元	2180億ドル（1.97%）
⑥	カナダドル	2110億ドル（1.92%）
⑦	豪ドル	1880億ドル（1.70%）
⑧	スイスフラン	160億ドル（0.14%）
⑨	その他通貨	2690億ドル（2.44%）

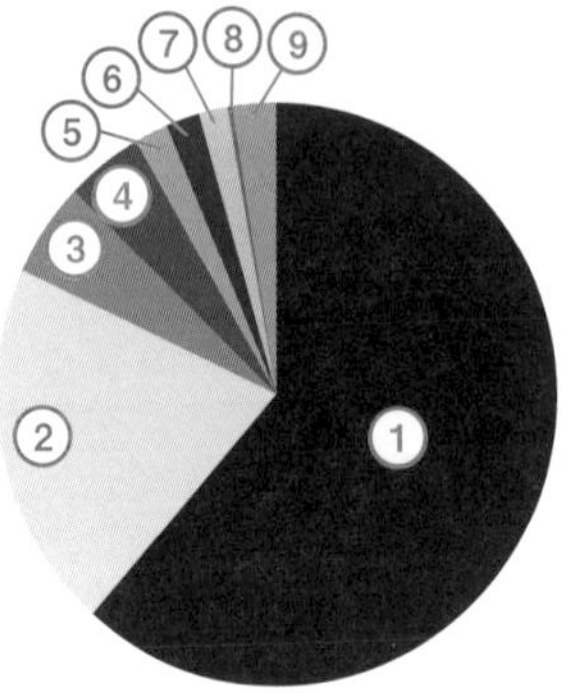

2019年6月末時点。国際通貨金（IMF）による

もう圧倒的に米ドルの占める比率が高いのがわかります。この比率からも、人民元が米ドルに取って代わって基軸通貨になるのは、まだまだ先の話だと思われます。

比率でみれば、ユーロが「第二の基軸通貨」として、米ドルを盛り立てながら自らも一定の存在感を示すという道もありましたし、実際にユーロはその立ち位置を狙っていたフシもあるのですが、2009年秋から2010年春にかけて起こった「ユーロ危機」※によって、第二の基軸通貨という役割を担うことへの懸念が強まりました。

※ ユーロ危機とは、ギリシャがユーロに加盟するにあたって、自国が抱えていた財政赤字の額をごまかしていたことが明らかになり、同じく財政面で不安を抱えていたイタリア、スペイン、ポルトガルといった南欧諸国へも悪影響が波及して、ユーロそのものの信用力が大きく後退したという出来事。

このユーロ危機の間、ユーロは米ドルに対して売り込まれ、1ユーロ＝1・5米ドルから1・19米ドルと、およそ20％急落しました。

つまり基軸通貨として米ドルに取って代われる通貨は、今のところ周りを見渡しても見つからないというところでしょう。ユーロ、人民元は今、説明した通りですし、日本円が米ドルと基軸通貨で交代するなどということは、現実的に考えて100％ありえないことです。もちろん英ポンドが基軸通貨に再復帰することもありえないでしょうし、それ以外の通貨も同様です。

世界最大の軍事費と経済規模

経済規模が大きいほど、概ね軍事費も大きい傾向があります。これも重要な要素です。

戦争はいけないことですが、国際情勢をリアルに考えれば、実際に行使しなかったとしても、やはり抑止力として機能します。
米国は**「世界の警察」**を名乗っていただけあって、世界で最も軍事費に多額の予算を割いています。イギリスの国際戦略研究所（ＩＩＳＳ）が公表した２０１９年の世界の軍事費トップ15によると、年間の軍事費は次のようになっています。上位5カ国は、ＧＤＰ値も示しました。

①米国……………６８４６億ドル（ＧＤＰ＝21兆４３３２億ドル）
②中国……………１８１１億ドル（ＧＤＰ＝14兆７３１８億ドル）
③サウジアラビア……７８４億ドル（ＧＤＰ＝７９２９億ドル）
④ロシア…………６１６億ドル（ＧＤＰ＝１兆７０２４億ドル）
⑤インド…………６０５億ドル（ＧＤＰ＝２兆８６８９億ドル）
⑥イギリス………５４８億ドル
⑦フランス………５２３億ドル
⑧日本……………４８６億ドル

⑨ドイツ……………485億ドル
⑩韓国………………398億ドル
⑪ブラジル…………275億ドル
⑫イタリア…………271億ドル
⑬オーストラリア……255億ドル
⑭イスラエル………226億ドル
⑮イラク……………205億ドル

ご覧のように米国の軍事費が他の国を圧しています。確かに中国も近年、軍備増強に力を入れていますが、その軍事費は米国に比べて約4分の1です。

これだけの軍事費を維持できるのは、米国経済の規模が巨大だからです。

コラム

私の米ドル人生記④

つぶしの効かない仕事

しばらくプータロー状態でしたが、クレディ・スイス・ファースト・ボストン証券で営業だった仲間から連絡が来ました。その人はメリルリンチ証券にデリバティブ担当で移籍しており、「暇だったら手伝いに来い」と言われたのです。

デリバティブってご存じですか。「金融派生商品」と言われるもので、先物取引※やオプション取引があります。そもそも先物取引もオプション取引もリスクヘッジを目的としているのですが、使い方次第ではとんでもなくハイリスク・ハイリターンな投資戦術に用いることができるのです。

当時はデリバティブが金融業界の花形で、物凄く頭の良い人たちがこの手の取引に知恵を絞っていました。もちろん私にそんなものを理解できるはずがありま

※ 先物取引とは、現時点では売買の価格や数量などを約束だけしておいて、将来の約束の日が来た時点で、売買を行うこと。価格変動する商品の売買につきものの価格変動リスクを回避できるという利点があります。

せん。オプション取引について質問すると、「これは買う権利を買うもので、こっちは売る権利を売るんだ」などと言われてもチンプンカンプンです。

大体、「買う権利を買う」って言われてすぐにイメージできますか。私は「わざわざ買う権利なんか買う暇があるなら、最初から買っておけ」と思ってしまい、全く意味を理解することができず、挙句の果てには蕁麻疹《じんましん》が出る始末。業務に支障が出そうになったところで、再び日本株担当に移されました。

最初は日本株のセールス担当者のアシスタントを2年ほど勤めたのですが、そのうちセールストレーダーといって、営業職とトレーダーの中間的な仕事をするようになりました。これが8年間です。

そして2008年4月25日。

朝、日本株の大型注文を東京証券取引所につないでいるとき、私のデスクの電話が鳴りました。その電話に出てみると、

「こちらは人事部です。何の電話かおわかりになると思います。身の回りの物を

※ オプションとは、ある金融商品をあらかじめ決めておいた価格で売買するかしないかを選べる権利のこと。あらかじめ決めた①限月、②権利行使価格、③「買う権利（コール）」、または「売る権利（プット）」を、④○○○円というオプション価格で売買すること。（○○○円が株価と同じように変動する）

すべて持って人事部に至急、来てください」

そうです。リストラの呼び出し電話です。

朝、呼び出しを受けて、その場でサインをして、即刻クビです。

翌日からは一切、出社できません。

会社都合の退職だったため、失業保険はすぐに出たのですが、自分の生活のリストラが大変でした。

何しろ外資系金融機関を渡り歩いてきたので、自分で言うのも何ですが、結構な高給取りになっていたのです。当然、金遣いも相当に荒く、稼いだ額に見合った貯蓄ができていなかったのです。

とはいえ、貯蓄が全くのゼロというわけでもなかったので、退職後はそのなけなしの貯蓄を取り崩す日々でした。しかも翌年、住民税がドカーンと来たのです。それこそウン百万円という金額の住民税でした。

さらに、ほとんど病院に行ったこともないのに、任意継続の医療保険料が毎月6万円。

駄目押しに住宅ローン……。まあ、これは組んでいなかったから不幸中の幸いだったのかも知れませんが、それでも住宅ローンを組んで新しい家を買おうと思っていたところでクビになり、その後は住宅ローンを組むどころの話では無くなってしまいました。

1年半ほど、プラプラしていました。典型的なプータロー生活です。

私がメリルリンチをリストラされたのは、リーマンショック前でしたが、その年の10月にリーマンショックが起こり、もはや証券会社に再就職するような状況ではなくなってしまいました。

それに、もう証券会社に行くのは止めようと思ったのも事実です。なぜなら、証券会社のトレーダーとして自分が身に付けたスキルは、他の仕事で全く使えないことに気づいたからです。

だって、「トヨタ自動車の銘柄コードは7203」ってことを知っていたとしても、あるいは流動性の低い株式に大量の買い注文が入ったとき、どうやって売買を成立させるかということを知っていたとしても、それって世間では何の役にも立たないのです。

実際、ハローワークにも行ってみたのですが、40歳を超えた年齢で外資系証券会社のトレーダーでしたなんていうのは、ある意味、「危ない仕事をしてきた人」という偏見が強くて、仕事が見つかりません。

当時、テレフォンアポインターといって、片っ端から電話をかけて営業をするみたいな仕事が結構たくさんあったのですが、あまりにもやることが無くて暇だったものだから、5社くらいに応募してみました。

全滅でした。

外資系証券会社で40歳を超えたトレーダーには、テレフォンアポインターの仕事もお呼びではなかったのです。（147ページに続く）

何が為替を動かすのか

外国為替の「市場」はどこにある？

ここまでは世界における「ドル」の優位性、そして資産防衛としての「ドル」の強さについて触れました。

ここでは、一歩引いて、「ドル」以外の通貨と為替のお話をします。

本書を手に取ってくれている方には、外国為替のことを詳しく知らない方もいらっしゃるでしょうから、外国為替がどういうものなのかというところから話を進めていきます。

株式の売買は東京証券取引所や名古屋証券取引所、福岡証券取引所、札幌証券取引所という4カ所の証券取引所で行われています。株価が大きく動いたとき、よく東京証券取引所の映像が映し出されますから、実際に内部がどうなっているのかはわからないまでも、その建物の中で売買されていることくらいは、何となくイメージできるかもしれません。

ところが、外国為替取引の場合、あまり取引所のイメージが浮かんでこないのではないでしょうか。時々、今の為替レートが表示された電光掲示板が映し出されたりするので、それが設置されたどこかの場所、という程度のイメージでしょう。

外国為替市場の場合、証券取引所のように物理的な建物の中で売買されているわけではありません。形が全くないのです。銀行同士がコンピュータ回線でつながれており、パソコン端末に映し出された為替レートを見て、為替ディーラーと呼ばれる人たちが米ドルを売ったり、ユーロを買ったり、英ポンドを売ったり、円を買ったりする「スクリーン・マーケット」なのです。市場参加者がコンピュータ回線でつながれたバーチャルなマーケットというイメージです。

いずれにしても、銀行同士がコンピュータ回線を通じて、たとえば米ドルが100万ドル欲しい場合は、端末を叩いて「米ドルを100万ドル買いたい」ということを入力すれば、100万ドルを売ってもいいと考えている他の銀行が「米ドルを100万ドル売りたい」と入力して、この注文が次々に成立していきます。

そして、両者の間で今の米ドルがいくらになっているのかを見て、「いくらなら買う」、「いくらなら売る」という駆け引きが行われます。こうした駆け引きの中で為替レートが時々刻々と変動していくのです。

取引時間ですが、外国為替市場は基本的に休みません。株式市場の場合、東京証券取引所だと午前9時から11時半、お昼休みを挟んで午後12時半から3時までですが、外国為替市場はオンラインでつながっているだけなので、時間によってメインになる国は変わりますが、1日を通してずっと取引し続けることができます。

日本時間ベースで、どの国のマーケットが中心になるのかを追っていくと、東京マーケットは、午前9時から取引が開始され、午後3時半まで続きますが、この間、いくつかの海外マーケットも取引を開始します。

たとえば、香港やシンガポール市場が開くのは、日本時間で午前10時から。さらに午後3時からは中東のバーレーン市場が取引を開始します。

そして香港、シンガポール市場では、日本時間の午後6時まで取引が行なわれますが、両市場での取引が終了すると同時に、今度はロンドン市場がオープンします。

また、ロンドン市場が開くよりも1時間早く、フランクフルトやパリ、チューリッヒ、アムステルダムの各市場で取引が始まります。

さらに、ロンドン市場での取引の真最中である日本時間午後11時。今度はニューヨーク市場がオープンし、日本時間の午前7時まで取引が続けられます。

そして、ニューヨーク市場での取引が終了する1時間前からは、オーストラリアのウェリントン市場、そして午前7時からはシドニー市場での取引が開始されます。

このように、**外国為替市場は24時間、必ずどこかの国で取引されていて、それが1本の流れとなって、外国為替レートが変動していくのです。**

ここで一旦まとめておきましょう。

外国為替市場は物理的な取引所がなく、すべてコンピュータ回線でつながっているバーチャルなマーケットです。

そして東京市場だけでなく香港市場やバーレーン市場、フランクフルト市場にロンドン市場、そしてニューヨーク市場というように、24時間のなかでビジネスタイムを迎えた国に取引の主体が移っていき、時差を加味して1本の流れで取引が続けられていきます。

こんな人たちが取引に参加しています

外国為替市場の取引に参加している人は、2種類に大別できます。

ひとつは何かの取引をするのに外貨を必要としている人たちです。日本の自動車メーカーや家電メーカーなどが外国に自社製品を輸出した場合、その販売代金は基本的に米ドルで受け取りますが、日本の工場や営業所で働いている人たちの給料は円で支払うため、その米ドルを円に交換する必要があります。

一方、電力会社は電気をつくる元になる原油などを海外から輸入するために、手持ちの円を外貨に替えて、原油を買い付けるための代金に充てます。

このように、モノやサービスなどの取引を外国と行った結果、必要となる外国為替取引を行うため市場に参加している人たちのことを**「実需」**と言います。

実需に対して、**「投機」**と呼ばれている人たちもいます。

投機とは、通貨の売買によって利益を得ている人たちのことです。外国為替レートは時々刻々と動くため、特定の通貨を売買して、その変動幅を利益にしているのです。

たとえば銀行の外国為替ディーラーは、大勢の人から寄せられる外国為替の注文を市場につなぐだけでなく、自らも投機筋となって外貨を売買し、為替差益を得ています。

それ以外にも、投機筋はさまざまです。大勢の人たちからお金の運用を託されて外国為替市場での取引に参加しているファンドもありますし、やはり大勢の人たちから多額の保険料を集めている保険会社は、保険料の一部を外国債券で運用するため、やはり外国為替の取引を恒常的に行っています。あるいはＦＸ（外国為替証拠金取引）という仕組みを利用し、為替差益狙いで外国為替取引に参加している個人も大勢います。

ちなみに、この「実需」と「投機」の比率は、一昔前は2対8くらいと言われていたのですが、最近は1対9くらいになっているようです。

「投機筋が9割」などと聞くと、とても危ないマーケットであるような印象を持たれるかもしれません。

でも、これだけ大勢の人たちが投機に参加しているから、外国為替市場は健全であるともいえるのです。

たとえばトヨタ自動車が自動車を輸出して得た5000万ドルの売り上げを円に替えるため、銀行を通じて「5000万ドルの米ドルを売って円を買いたい」という注文を出したとき、即座に5000万ドルが売れて、それに相当する円を買い付けられるのは、外国為替市場に大勢の投機筋がいて、5000万ドルの米ドルを買うために円を売りたいという投機筋がいるからです。もし投機筋がいなくなったら、トヨタ自動車は簡単に5000万ドルを売却できず、その間、従業員への給料の支払いなどが一時的に滞ってしまう恐れが生じてしまいます。

確かに投機筋が大暴れすると、外国為替レートが荒い値動きをしてしまい、それを好ましくないと思う人たちもいるのですが、売りたいときに売りたい額を売れ、買いたいときに買いたい額を買えるほうが、市場としては健全であると言えるでしょう。

ところで外国為替市場の参加者は皆、同じ市場で取引しているわけではありません。実需と呼ばれている人やファンド、保険会社などの機関投資家と銀行は、異なる市場で取引します。銀行同士で取引するのが**「銀行間市場」**で、それ以外の市場参加者は**「対顧客市場」**で取引します。

とはいえ、銀行間市場と対顧客市場は完全に分かれているわけではありません。

前出の例でいうと、トヨタ自動車が銀行に5000万ドルを売って円を手に入れる市場が対顧客市場であり、5000万ドルを買い取った銀行が、その5000万ドルをさらに他の銀行に売るための市場が銀行間市場になります。

そして銀行間市場の参加者には、国内外の銀行に加えてもうひとつ、外国為替レートに大きな影響を与える参加者がいます。

日本銀行などの**「中央銀行」**です。米国だとFRB（連邦準備制度理事会）、欧州だとECB（欧州中央銀行）がそれで、こうした中央銀行が特定の通貨を売り買いすることがあります。

なぜ中央銀行が外国為替市場での取引に参加するのかというと、「為替平衡介入」、あるいは**「為替介入」**といって、各国の金融・政策当局者の意向を反映した売買を行うのです（105ページでも触れました）。

たとえば急激に円高が進み、国内景気にとって望ましくないと政策当局者が判断すれば、外国為替市場で手持ちの円を売却し、ドルを購入することによって、為替相場の水準を円安ドル高方向へと修正します。

為替を動かす6つの要因

次に**「為替を動かす要因」**についてお話ししましょう。

外国為替市場には、大勢の参加者がいて、それぞれの思惑に基づいた投資行動によって、外国為替レートは時々刻々と変動しています。

株価とも共通するのですが、**売り手と買い手の力関係によって外国為替レートは動きます**。「力関係」といってもやや漠然としていますね。つまり特定の通貨をどのくらいの金額分、売ろうとしているのか、あるいは買おうとしているのかによって動くのです。

たとえば米ドルを５０００万ドル（１ドル＝１００円なら50億円相当分）売りたいという注文がある一方で、米ドルを２０００万ドル買いたいという注文しかなかったとすると、米ドルは売り圧力に負けて、1米ドル＝110円、108円、105円というように米ドル安が進みます。

逆に5000万ドルを売りたいという注文がある一方で、米ドルを8000万ドル分を買いたいという注文があれば、1米ドル＝110円、112円、115円というように米ドル高が進みます。

これが「**需給関係**」と呼ばれるものです。為替レートは需給関係によって動いているのです。

需給関係は必ず多数の側にとって不利なように動きます。5000万ドルの米ドル売りと2000万ドルの米ドル買いでは、米ドルの売り手にとって不利なように米ドル安が進みますし、5000万ドルの米ドル売りと8000万ドルの米ドル買いでは、米ドルの買い手にとって不利なように米ドル高が進みます。

問題は、何が需給関係を変化させるのかということです。そして需給関係の変化とは、外国為替レートの変動とイコールです。つまりこれから説明することは、外国為替レートが何によって動くのかという話です。

ちょっと複雑な話なので、整理をしながら内容を進めていきましょう。

外国為替レートを動かす要因は、短期的な要因と長期的な要因に分かれます。

そのうち、**長期的な要因である「人口構成」**については、すでに第2章で触れました。

ここでは短期的な要因をひとつずつ説明していきましょう。

①景気と為替の関係
②金利と為替の関係
③雇用と為替の関係
④有事と為替の関係
⑤政治的発言と為替の関係
⑥センチメントと為替の関係

①景気と為替の関係

景気の良い国の通貨は買われ、景気の悪い国の通貨は売られます。といっても、必ずそうなるとは限らないのですが、理屈から考えるとそうなります。

景気が良い国には世界から投資が集まります。その国の株式市場に諸外国から投資資金が流れ込む。あるいは直接投資といって、その国に工場や事務所、あるいは現地法人を設立するために資金が流入することもあります。いずれにしても、これから成長が期待される国には、諸外国から大量の投資資金が流れ込んできます。

それはとりもなおさず、**その国の通貨が買われることを意味します。**たとえば米国経済が極めて堅調で、今後も高い経済成長率が期待されるとなれば、米国の上場企業の株式を買ったり、米国に現地法人を設立したりする動きが広がります。結果、米ドルが買われて、他の通貨に対して米ドル高が進みやすくなるのです。

②金利と為替の関係

国によって金利水準は異なります。今は先進国を中心に超低金利政策をとっているので、金利水準に差がないように見えますが、基本的に金利水準の低い国の通貨が売られる一方、金利水準の高い国の通貨は買われやすくなります。

償還（満期のようなもの）されるまでの期間が10年の国債で比べてみましょう。2020年11月27日現在の米国10年国債利回りは0・84％であり、日本の10年国債利回りは0・02％しかありません。正直、これだけ金利水準が低いとドングリの背比べという印象は否めませんが、この金利差によって米ドルが買われ、円が売られる傾向が生じてきます。

ちなみに他の先進国の金利を10年国債利回りで比較すると、オーストラリアが0・90％、ドイツが▲0・59％となっています。この金利差で考えると、現状で最も売られやすいのはユーロであり、買われやすいのは豪ドルということになります。

ただし、為替は他の要因からも影響を受けるので一概に金利差だけで動くわけではありません。

③雇用と為替の関係

これは「景気」との絡みもあるのですが、ここ数年、最も注目されてきた「材料」のひとつといっても良いでしょう。

特に**米国の「雇用統計」**の数字が外国為替市場で注目されています。雇用統計とは、米国の労働省が毎月公表している経済指標で、基本的に毎月第一金曜日が公表日として決められています。

なかでも注目されている数字が**「非農業部門雇用者数」**と**「失業率」**の2つです。なぜなら、米国の中央銀行であるＦＲＢが、この数字をチェックして金融政策に反映させるケースが多いからです。つまりこの2つの数字が想定していた以上に悪いと、ＦＲＢは利下げ※をはじめとする金融緩和政策をとる可能性が高まります。米国が利下げを行えば、外国為替市場では米ドルが売られやすくなります。つまり雇用統計の悪化は米ドル売りの材料と判断されるのです。

ちなみに雇用統計が発表されるのは、米国の現地時間で午前8時半。日本時間だと夏時間のときは午後9時半、冬時間のときは午後10時半になります。非農業部門雇用者数も失業率も、**「市場コンセンサス」**といって、実際の数字が発表される前から、

※ 金利を下げること。金利が下がると、企業は、運転資金や設備資金を調達しやすくなります。個人も、たとえば住宅の購入のための資金を借りやすくなります。こうして、経済活動がより活発となり、それが景気を上向かせる方向に作用します。

ロイターやブルームバーグといった金融系通信社が各金融機関にヒアリングして、事前予想を出しています。この事前予想に対して実際の数字が大きく上下にぶれると、米ドルが大きく動きます。

④有事と為替の関係

かつては「有事のドル買い」という言葉がありました。地域紛争や政治亡命、領空・領海侵犯といった有事が起こると、米ドルが買われるというものです。

これは米ドルの信用力の高さを象徴するものといえるでしょう。米国は世界最強の軍事力を持ち、「世界の警察」という立ち位置をずっと続けてきました。そのため、平和を脅かすような事態が生じたときには、まず世界の警察である米国の通貨が買われたのです。

しかし、それも今は昔の話です。

２００１年9月11日に米国を襲った同時多発テロでは、米国本土がテロのターゲットにされたことから、むしろ米ドルは売られました。

ただ、外国為替レートを動かす要因は気まぐれです。最近は完全に鳴りを潜めている「有事のドル買い」ですが、また復活することも考えられます。事実、新型コロナウイルスの感染拡大時においては、一時的に米ドルが買われる気配もありました。

⑤政治的発言と為替の関係

政治家でも金融政策や通貨政策に近いところにいる人の発言を、市場参加者は常に気にしています。

たとえば「日本の貿易黒字はけしからん」と米国の高官が発言すると、米ドルが売られて円高が進むケースがあります。なぜなら、85ページで述べたように**円高が進むと日本からの輸出が不振に陥って、日本の貿易黒字が縮小する可能性が高まるからです。**

1米ドル＝110円から90円まで円高が進んだとしましょう。日本の自動車メーカーが米国向けに1台1万米ドルで自動車を輸出した場合、1米ドル＝110円なら110万円になりますが、もし1米ドル＝90円になったら90万円にしかなりません。

つまり米国に輸出する際の商品の収益力が悪化するのです。

このとき、もし今までと同じように、１台を輸出することによって１１０万円の売り上げを確保しようとしたら、米ドル建ての輸出価格を引き上げなければなりません。そうなると、**米国市場における日本車の価格競争力が低下することになります。**いずれにしても収益力が悪化するのです。

これが自動車だけでなく他の輸出製品にも影響してきますから、政治家の中には自国の産業を守るために、意図的に為替を自国にとって有利な方向（自国通貨安）に動かそうという政治発言を行うケースがあるのです。

⑥センチメントと為替の関係

外国為替レートは短期的に見ると、これまで説明してきた①〜⑤のような要因で動くと言われています。

ただ、必ずそうなるとは限りません。米国の金利が日本の金利を大きく上回っているのに円が買われることもありますし、雇用統計が悪化しているのに米ドルが買われることもあります。それは市場のセンチメントが、外国為替レートに強い影響を及ぼすからです。**センチメントとは「市場心理」のことです。**外国為替市場の取引に参加している大勢の人たちが、今のマーケットをどう見ているのか、つまり「強気なのか？弱気なのか？」によって、これまで説明してきた通りに外国為替レートが動かないケースがあるのです。

市場のセンチメントを読むには、常に通貨を売買している市場参加者から、外国為替市場のリアルな需給バランスの動向を聞く必要があります。

しかし、それを個人レベルで行うことは極めて困難です。そもそも個人が銀行のディーラーに電話をかけて、今の外国為替市場の動向を聞くなどというのは、現実的ではありません。だから個人がＦＸなどで外国為替の短期売買を行ったとしても、成功する確率は極めて低いのです。少なくとも長期的な資産形成をするのに、外国為替の短期トレードは不向きであることを、ここに断言します。

コラム

私の米ドル人生記⑤

保険のおばちゃんになるか!

メリルリンチを辞めて1年半の浪人生活は、意外なところからの連絡で終わりを告げました。これまでずっと証券会社を中心にして、それもチームごと移籍するという転職を繰り返してきたのですが、突然、何の面識もない保険会社の支部長から連絡をもらいました。

「経歴を拝見しました。経歴がとても面白いので、一度話をしませんか」

という用件でした。

正直、私は保険会社の営業に全く興味がありませんでした。外資系証券会社の営業は確かに競争が厳しい世界ではありますが、取引の金額が大きいので、小さい取引をたくさん積み重ねずに済みます。

でも、保険の営業になるとそうはいきません。1件、1件、お客様を開拓して歩き続けなければなりませんし、1件の契約額も外資系証券会社のときの取引相手に比べれば小さいので、「数」を開拓するのが勝負になります。それはさすがに今までの仕事とは畑が違いすぎるし、自分にはできないと思っていました。

ただ、オファーをもらった先がプルデンシャル系のジブラルタ生命という保険会社だったので、外資系だし、保険会社も金融であることに違いはないし、何よりも本社の場所が自宅から何とか歩いて行ける範囲だったので、「まあ、嫌だったら辞めればいいや」という程度の軽い気持ちで面接を受けに行きました。

結果、採用されたのですが、問題はこの先です。私はてっきり面接を受けた本社勤務なのかと思っていたのですが、その目論見は大きく外れました。

西東京の田無市《たなしし》の支部に配属されることになっていたのです。

実際に保険会社に入って知ったことなのですが、保険会社は支部長の権限が非常に強く、何でもとにかく支部長ありきなのだそうです。人の採用も、各支部の裁量に任されていて、自由に人を探すことができます。つまり私の場合、田無市を担当している支部の支部長が、誰かから話を聞いたのか、それともブログを読んだのかわかりませんが、とにかく何かの流れで私のことを知り、興味を持たれたのでしょう。

ともかく私は、しばらくこの保険会社のお世話になることに決めました。3年間、働きましたが、お客様のためを思っていろいろと活動をしていました。いろいろなところで制約があることに気づきました。

たとえばフェイスブックで日常の他愛もない話の発信はOKだけど、勤務先を「ジブラルタ生命」と記載したり、リアルでお金の勉強会を開くにしても、いちいち本部にお伺いを立てなければなりませんし、許可が下りたとしても、好きなことを言ったり書いたりできないのです。

ある日突然、一度に女子数人のお金セミナーをしているのでは？　と本部から電話がかかってきました。私にお金のご相談に来てくださった方が、「今、浦井さんの勉強会に参加してま〜す」みたいなコメントを入れて写真を個々人のSNSにアップしたものが、本部の巡回に引っかかってしまったのです。

そんなことが何度となく繰り返され、徐々に煩わしくなってきた私は、独立してお金の勉強会を開いたり、お金の悩みの相談に乗ったりする仕事をしようと思うようになりました。こうして今があるのです。

いろいろ面倒なことはありましたが、でもこの生命保険会社に転職したからこそ得られたものもあります。

それは**「米ドル建て終身保険」**や**「米ドル建て養老保険」**の存在を知ったことです。しかも、ジブラルタ生命を辞めた直後に知り合ったメットライフ生命の人から教えてもらった**米ドル建て積立利率変動型終身保険**は、米国の金融市場の動向に応じて運用利回りが変動するというタイプのものでした。詳しくは第6章で触れますが、とにかく長期の資産形成にはぴったりの内容だったのです。

もちろん私も加入しています。これに加入したことによって、私がメリルリンチ証券をクビになったときに感じた、自分の老後に対する漠然とした不安感、そしてお金の悩みはだいぶなくなりました。

米ドル運用の心得

高金利で通貨を選ぶのは、やめましょう

２０２０年４月、大手銀行を筆頭に銀行が定期預金金利を０・０１％から０・００２％に大きく引き下げました。世界的なコロナの影響で、日本も未曽有の超低金利の定期預金金利に突入です。

そんな中、何か少しでもお金を増やせるものはないものかと、銀行の窓口に相談しに行くと、高金利通貨の金融商品を勧められたりするのです。たとえば南アフリカ・ランド、ブラジル・レアル、トルコ・リラなどです。金利は数字なので一目瞭然、とても増えそうに見えるのです。本章では、そういったときに注意してほしいことをお話しします。

実は金利だけを見ると、**米ドルはそれほど魅力的ではありません。**もちろん、限りなくゼロ金利に近い日本、マイナス水準に落ち込んでいるユーロに比べれば幾分、マシという程度の話です。ちなみに米国10年国債の利回りは0・929％（2020年12月1日終値）です。2020年1月1日の米国10年国債の利回りは1・921％だったので、約1年で約1％の利回り低下になっています。

コロナの影響が如実になった3月中に1％を切り始めました。米国の3月の雇用統計や失業者数の発表前から米国10年国債利回りは経済の悪化を織り込みにいったとも言えるのです。

では、逆に高金利な通貨はどこでしょうか。

この日本で、個人でも何かしらの方法を用いて投資できる高金利通貨の代表として、トルコ・リラがあります。トルコの通貨ですね。

どのくらい金利が高いのかというと、某ネット証券が扱っている**「トルコ・リラ建てゼロクーポン社債」の利回りがなんと年12・95％**。ホームページにはっきりそう書かれています。

債券の場合、定期預金の満期と同じようにあらかじめ「何年後にお金が返済されます」というのが決められており、この期日を償還と言います。

この債券の場合、償還期日は２０３０年12月９日です。**つまり約10年間保有するわけですが、年12・９５％の利回りだと、償還時には元本が約３・３８倍にもなります。**

ところでこの債券には、「ゼロクーポン」という聞きなれない言葉が入っています。クーポンとは債券についている「利ふだ」のことで、昔はこの利ふだを証券会社などに持ち込むと、利息を支払ってくれるというものでした。

ゼロクーポンとは、この利ふだがない、つまり利息がないと言う意味です。利息はないのですが、その代わりに債券の額面金額に対して大幅に割り引いた価格で、その債券を購入できます。

ちなみにこの社債の場合、額面が１００％だとすると、29・５８％の価格で購入でき、10年後の償還時に１００％で戻ってくると書かれています。

わかりやすくいうと、額面が１万円だとすると、２９５８円で購入でき、10年後に

ゼロクーポン債のしくみ

安く買って、償還時に額面通りに（高く）受け取れる

は1万円が戻ってくるのです。7042円が利息ということになるのです。10年後には3・38倍になるということです。

これに対して米国の10年物国債の利回りは、2020年12月1日時点で0・929％ですから、利息だけを見れば、トルコ・リラ建てのほうがはるかに有利です。

トルコ・リラ以外にも、南アフリカ・ランド、ブラジル・レアルなど高金利通貨建ての債券が時々、インターネット証券会社で販売されていたりするのですが、**当然、金利が高いだけに、それに見合ったリスクがあります**。

そもそも、なぜこんなに金利が高いのか

を理解しておく必要があります。

金利が高い理由の1つは、その国の「物価上昇率」が高いからです。つまり中央銀行は、さらなる景気過熱を抑制するために金利を引き上げたりするのです。ちなみにトルコの消費者物価指数の「対前年上昇率」は、直近で見ると2020年7月が12・0％、同年8月が11・86％、同年9月が12・13％、同年10月が11・97％となっています。1年で10％以上もモノの値段が上がり続けているのです。

毎年、物価が10％以上も上昇すると、それに見合うペースで給料が増えないと、たちまち人々の生活は困窮します。そのため、中央銀行は物価上昇を抑えるため、利上げ[※]など金融を引き締める政策を実施します。そのため、トルコ・リラ建て債券の利回りも上昇するのです。

でも、第2章でも触れましたが、**物価が上昇すればするほど、反面、お金の価値は下がっていきます。**トルコ・リラの価値が下がるわけですから、外国為替市場でトルコ・リラには売り圧力がかかります。

ちなみにトルコ・リラ／円の為替レートを見ると、2007年のトルコ・リラの高

※ 利上げとは、利下げ（142ページ参照）の反対で、政策金利を引き上げること

トルコ・リラ／円の為替レート

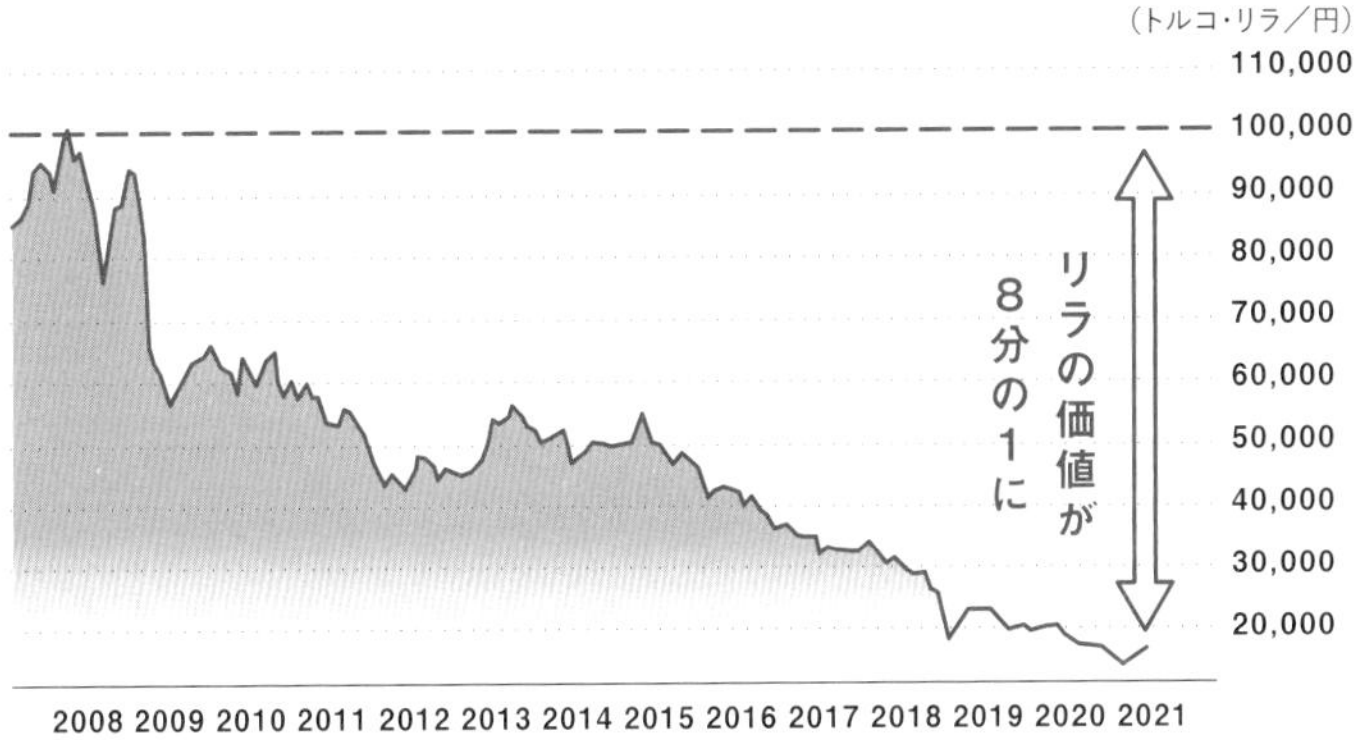

高金利通貨でもリラの価値が1／8に

値が1トルコ・リラ＝99・67円でした。

その後、トルコ・リラは対円で下げ続け、2020年11月6日につけた最安値が1トルコ・リラ＝11・99円です。いくらトルコ・リラ建ての「元本」が10年で3・38倍になったとしても、為替レートが8分の1ですから、これでは資産形成も何もあったものではありません。

高インフレ国は確かに高金利が魅力的に映るのですが、外国為替レートで高金利が調整されてしまうリスクがあるのです。

それだけではありません。一般的に高金利通貨は新興国であるケースが多いのですが、**新興国のなかには政変やクーデターのリスクを抱えている国も少なくありません。**政変が勃発して外国為替市場が閉鎖されるケースも十分に想定されます。もしそんなことになったら、現金化したくてもできなくなりますし、その間に一段と大きく通貨が下落することもあるでしょう。

別の角度で見てみると、**高金利の新興国の多くは、借金国ゆえの高金利でもあるのです。**国内資本の蓄積がなく、経済発展のためには海外マネーを借り入れる必要がありますが、高リスク国だけに、海外の貸し手あるいは投資家からは、プレミアム（上乗せコスト）を加えた金利を求められます。だから新興国の金利は先進国の金利と比べてとても高いのです。

米国10年国債の利回りが年0・929％（2020年12月1日現在）。これに対してトルコ・リラ建て普通社債の利回りが年12・95％。両者の間には年12％もの金利差があるのですが、それは高いリスクを背負うことの代償でもあるのです。

特に、**この手のリスクは運用期間が長期になればなるほど高まると考えたほうが良いでしょう。**ハイパーインフレによる経済破綻、革命やクーデター、あるいは政変などがいつ起こるのかは予測不可能です。それだけに運用期間が長期になればなるほど、この手のリスクは高まると考えるのが、資産運用の世界では常識です。

外貨投資というと、この高金利を目当てに行う人が結構いるのですが、金利の高さだけで投資する通貨を選ぶのは止めるべきでしょう。

Q

でも高金利の魅力に逆らえません。通貨も分散して投資すればリスクが軽くなるのでは？

A

通貨分散は無意味です。

何でも分散すればリスクが軽くなると思っている人は結構多いようです。

分散投資とは、複数の異なる資産にお金を分けて投資する方法です。たとえば株式、債券、金などのコモディティ、不動産、預金というように、投資先を分散させるのです。

そのメリットは投資のリスクを分散できること、と言われています。

株価が大きく下落しているときは、**「近い将来、景気が落ち込むリスクが高まってきた」と考える人が増えて、債券が買われる傾向があります。**そのため、債券の価格が値上がりして、株価の下落で生じた損失を穴埋めできるのです。一方の値下がりを、他方の値上がりによって損失を軽減させるのが、分散投資の基本的な考え方です。

したがって、分散投資を有効にするためには、値動きの異なるもの同士を組み合わせる必要があります。

それとともに、分散投資はたくさんのものに分散すればするほど効果が上がるなどとも言われています。たとえば株式への分散投資でも、10銘柄でポートフォリオを組むよりも、50銘柄、あるいは100銘柄に分散させたほうが、特定の銘柄の株価下落リスクを軽減できるという考え方です。

では通貨の場合はどうでしょうか。米ドル、ユーロ、英ポンド、豪ドル、ニュージーランド・ドル、カナダ・ドル、スイス・フランというように、たくさんの通貨に分散投資したほうが、リスクを軽減できるのでしょうか。

これは実のところあまり効果がないと考えて良いでしょう。

もちろん日本国内の株式と債券、米国の株式、欧州の債券にそれぞれ25%ずつ分散した場合、通貨別に見た投資比率は円が50%、米ドルが25%、ユーロが25%で3通貨に分散したことになりますが、これはあくまでも結果的にそうなったというだけの話であり、最初から円50%、米ドル25%、ユーロ25%というように通貨分散するのが目的だったわけではないのです。

機関投資家のポートフォリオがさまざまな通貨に分散されているのを見て、通貨分散は正しいと思っている人は少なくないのですが、あれはあくまでも資産を分散して投資した結果、たまたま日本以外の株式や債券、その他の資産に投資したため、結果的に通貨が分散されただけに過ぎません。

時々、国内株式、国内債券、外国株式、外国債券という4つの資産に分散したら、国内株式だけに投資した場合に比べて値下がり率が小さくなったという事例を出して、「通貨分散の効果があったから」などと乱暴に結論づける人もいますが、これは通貨分散の効果というよりも**資産クラス（投資対象となる資産の種類や分類のこと）を分散したことで得られた効果と考えるべき**です。

純粋に通貨のみに投資した場合、複数通貨に分散しても対円で見たときの値動きがバラバラになることは、ほとんどありません。要するに、**米ドルに対して円高が進んでいるときは、ユーロや豪ドルなど他の通貨に対しても円高が進んでいるケースが多い**のです。つまり通貨のみを分散させても、リスク軽減効果はほとんど得られないと考えて良いでしょう。

本書は、資産を円のみで持つのは危ないですよ、ということを啓もうするのが目的のひとつです。したがって、円以外の外貨を持つことをお勧めしているわけですが、その外貨は米ドルのみで良いということです。理由は前章でも触れましたが、すでにユーロは〝基軸通貨レース〟から脱落していますし、人民元が米ドルに取って代わるにはまだまだ時間がかかります。というよりも、人民元が米ドルに取って代わることは、まずないと私は考えているくらいです。

それと何よりも**私たちの生活物資や食料は前述の通りドル決済されたものです。円安になってしまったら私たちの物価は上がってしまうのです。**ですからドルで持つのです。ドルで持っていれば、もし円安になったときに日本円に替えれば多くの日本円が戻ってくるからです。だとしたら、**日本円と米ドルだけに分散しておけば、通貨分散は十分だという結論になります。**

米ドルの為替レートの動きはマイルド

「ハイリスク・ハイリターン」という言葉を一度は耳にしたことがあるかと思います。リスクが高いものほど、期待できるリターンも大きくなるという意味です。もちろん、リスクを取る以上、リターンがゼロ、あるいはマイナスになることも起こりえますが、ある程度のリスクを取らないと、リターンは生まれません。これは投資をするうえでのセオリーでもあります。

とはいえ、過度なリスクを取ると長続きしなくなります。特に値動きのある資産で運用した経験がない人は、金融商品にお金を預け入れて、たとえば元本が3分の2になってしまったなどというのは、「信じられない」話でしょう。

でも、**外貨をはじめとして値動きのある資産の場合、投資した元本が割れてしまうなどというのは、ごく日常的に起こります。**そうなったとき、投資慣れしていない人は、元本を割った時点でうろたえてしまい、場合によっては損をしたまま売却や解約して、「もう二度と投資なんてやらない」と誓い、売却や解約したお金を再び利息がゼロに等しい銀行預金に戻したりします。

これは、実にもったいない話です。せっかく自分の将来のために投資を始めたのに、再び金利がほとんど付かない預金にお金を戻してしまっては、元も子もありません。したがって、いくら高いリターンが欲しいといっても、値動きの激しいものには手を出さないほうが無難です。

これは通貨にも当てはまります。通貨ペアによって値動きの激しいものもあれば、比較的穏やかなものもあるのです。

通貨ペアごとの「変動率」について見てみましょう。算出はＦＸ会社のマネーパートナーズが行ったもので、２０２０年11月23日～11月27日までの値動きで、主要な通貨ペアの変動率が計算されています。

実際には円を介さない通貨ペアの変動率も計算されているのですが、ここでは対円の通貨ペアの変動率を見てみます。

1位　トルコ・リラ／円……………４・９４％
2位　南アフリカ・ランド／円……２・９１％
3位　ニュージーランド・ドル／円……１・９４％
4位　豪ドル／円…………………１・７５％
5位　メキシコ・ペソ／円…………１・５９％
6位　カナダ・ドル／円……………１・５７％
7位　英ポンド／円…………………１・５０％

8位　ユーロ／円……………………1・27%
9位　スイス・フラン／円…………1・19%
10位　シンガポール・ドル／円……1・06%
11位　米ドル／円…………………1・04%
12位　香港ドル／円…………………1・04%

となっています。ご覧のように、米ドル／円の変動率は、香港ドル／円とともに最も低い水準にあります。

各通貨ペアの変動率の違いは、取引量の違いによるものです。**外国為替市場での取引量が少ない通貨の場合、ほんの少し売り買いの量が増えると、為替レートが乱高下してしまいます。**

前章で説明したように、外国為替市場で最も取引量が多いのは米ドルです。それに次いで取引量が多いのがユーロで、米ドルほどではありませんが、他の通貨ペアに比べると変動率は低めに抑えられています。

ちなみに香港ドルやシンガポール・ドルの変動率も低いのですが、これは特殊な事情があります。

まず香港ドルの場合、米ドルと固定相場制をとっています。つまり米ドルと同じ値動きをするのです。そのため、変動率が米ドルと同率になっています。

次にシンガポール・ドルですが、シンガポールは非常に小さな国であり、為替レートが大きく動くと国の経済に大きな影響が及ぶと考えられるため、シンガポール・ドルのレートがあらかじめ決められた一定のレンジを超えないように「市場介入」が行われています。そのため、他の通貨に対して変動率が低めになるのです。

香港ドルとシンガポール・ドルは特殊要因ですが、他の通貨ペアについては概ね、外国為替市場で取引されている量が多いものほど変動率が低く、少ないものほど変動率が高くなる傾向がみられます。

もちろん変動率が高い通貨ペアほど、うまくトレードできれば高いリターンを期待できますが、**どちらかというとこの手の通貨は短期のトレード向きです。**それは、外国為替証拠金取引、通称ＦＸです。

しかし、これらは長期で保有する通貨としては、いささか値動きが大きいですし、不安定要因も少なくありません。言うなれば投機的な通貨と言っても良いでしょう。**長期で外貨に保有・運用するならば、変動率が低く、相対的に落ち着いた値動きをする米ドルが向いているのです。**

ＦＸには、判断力が求められる

さて、実際に米ドル投資をするにあたっては、ご自身が短期のトレードをしたいのか、それとも長期投資をしたいのかについて考える必要があります。米ドル投資は、短期トレードでも長期投資でも対応できます。

ただ、同じ米ドル建ての金融商品で両方に対応するのは不可能です。短期トレード向きの金融商品、長期投資向きの金融商品があるので、まずそれをしっかり選ぶ必要があります。

とはいえ短期トレード向きの金融商品は、外国為替証拠金取引、通称ＦＸしかありません。そして**ＦＸは、瞬時の判断が求められるので、万人にお勧めできません。**

ＦＸの最大の特徴は、通貨の値動きそのものを売買するということです。外国株式であれば、外国為替レートの値動きもさることながら、株価の値動きが収益に大きな影響を及ぼします。外国債券なら、外国為替レートの値動きに加えて債券価格の値動きが、トータルの収益に影響を及ぼします。

これに対してＦＸは、**株式や債券など特定の資産は存在せず、配当や金利もありません。**単純に外国為替レートの値動きで損益が決まります。純粋に通貨の値動きで利益を得たいという人は、ＦＸを選ぶほうが良いかもしれません。

ＦＸがなぜ短期トレードに向いているのかというと、**最大25倍までの「レバレッジ」を掛けることができるからです。**レバレッジとは、たとえば運用できる資金が１００万円だとしたら、それを証拠金にして25倍までお金を借り入れ、米ドルに投資できるという仕組みです。25倍ですから、１００万円を証拠金にすれば最大

２５００万円まで取引できます。

つまり、少しの値幅で大きなリターンが得られるということです。

たとえば1米ドル＝１００円のときに２５００万円分の米ドルを買ったとしましょう。米ドル建てのポジション額は25万米ドルになります。

この状態で1米ドル＝１０５円まで米ドル高が進んだらどうなるでしょうか。この場合、25万米ドルを買っているわけですから、

25万米ドル×１０５円＝２６２５万円

つまり２５００万円が２６２５万円になったのですから、この時点で利食い売りをすれば１２５万円の利益が得られます。

でも、この取引で実際に使ったお金は、証拠金として預けた１００万円だけなので、それをはるかに超える利益が得られたことになります。これがレバレッジの効果です。

しかし、**レバレッジの効果はマイナス方向にも作用します。**もし、1米ドル＝97円

まで米ドル安が進んだら、どうなるでしょうか。買い値は1米ドル＝１００円なので、３円の差損が生じていることになります。それが25万米ドル分ですから、

25万米ドル×３円＝75万円

という損失が生じていることになります。１００万円の証拠金に対して75万円の損失ですから、投資資金の大半が失われたことになります。

レバレッジを掛けて投資をすると、ほんのわずかなレートの変動で、大きな差損益が生じるのです。したがって、損が大きくなりそうだと判断したら、素早く買ったものは売り、売ったものは買い戻すことによって逃げる必要があります。その迅速な判断が、ＦＸでは何よりも求められるのです。

米国株式を選ぶのは意外と簡単

一方で、米ドルに長期で投資する金融商品はさまざまです。具体的に列挙すると、

米ドル預金、米ドル建て投資信託、米国株式と米国ＥＴＦ、そして米ドル建て終身保険などが考えられます。

私は、このうち米ドル建て終身保険を推奨していますが、ある程度、金融の知識と経験が増えてきた人は、米国株式や米国ＥＴＦを組み合わせてポートフォリオを組んでも良いと考えています。

私が米ドルへの投資が有望であると考えているのと同様、米国株式の未来にも非常に期待するところがあります。**なによりも米ドルの資産を持つことができます。**

これまで説明してきたように、アメリカは、世界でも最強といって良いほどの経済力と軍事力を持ち、基軸通貨国であり、先進国のリーダーであり、安心して投資できるだけの法的な整備もなされている国です。

さらに言えば、人口がまだまだ増える余地があり、日本のような超高齢社会になりにくい構造を持っています。

なぜなら他国から若い人が次々とアメリカを目指して移り住んでいるからです。しかも、優秀な頭脳がたくさん集まっています。それは**「世界大学ランキング」**を見ても一目瞭然。最新のランキングを見ると、ベスト10のうち5校がアメリカの大学です。

ちなみに1位がマサチューセッツ工科大学、2位がスタンフォード大学、3位がハーバード大学、4位がカリフォルニア工科大学と、ベスト10のなかでも上位はアメリカの大学で占められています。こういった優秀な大学には、世界中から若い優秀な頭脳が集まってくるのです。そういう国の株式市場が弱いはずがありません。

実際、**ニューヨーク・ダウ**や**S&P500**といった、アメリカを代表する株価インデックスの値動きを見ると、その強さがわかります。

たとえばニューヨーク・ダウは２０２０年12月1日に3万ドルを突破して最高値を更新しました。ニューヨーク・ダウが算出されたのは１８９６年5月26日で、当初は12銘柄でスタートしました。現在と同じ30銘柄の平均株価を算出するようになったのは１９２８年で、算出開始から１２４年の歴史を持っていますが、ずっと最高値を更新し続けているのです。

ニューヨーク・ダウと並ぶ株価インデックスのS&P500はもう少し歴史が浅く、算出開始は1957年3月4日ですが、こちらも過去最高値を更新し続けています。

米国株式は現在、インターネット証券会社に口座を開けば簡単に売買できます。

え？　何を買えばいいかわからない？

実は皆さん、いくつもアメリカの会社をご存じのはずです。買い物でお世話になっている**アマゾン・ドット・コム**、調べ物をするときによく利用している検索エンジンは**グーグル**（会社名はアルファベット）、スマホやタブレットは**アップル**、自宅で映画やドラマを見るのに**ネットフリックス**に加入している人もいるでしょう。化粧品や衛生用品の**プロクター&ギャンブル**（**P&G**）、世界最大のヘルスケア企業といえば**ジョンソン&ジョンソン**、清涼飲料水のトップブランドである**コカ・コーラ**、今回のコロナ禍で巣篭り銘柄として注目されている**ドミノ・ピザ**、リモート会議で一躍急成長した**ZOOM**、スポーツ用品の**ナイキ**、といったように挙げればキリがありません。

そのくらいアメリカ企業は、皆さんの日常生活に浸透しているのです。

ですので、まずは皆さんが知っている、聞いたことがあるアメリカの企業に投資してみると良いでしょう。

しかも、**アメリカの株式は1株単位で買うことができます**。なかには驚くような高値の銘柄もありますが、1株単位であれば、大半の会社の株式は比較的安価に買うことが可能です。興味がある人はインターネット証券会社に口座を開いて、どんな会社の株式を売買できるのか、一度チェックしてみてはいかがでしょうか。

一方の**日本株は、売買できる単位が100株単位です**。もし任天堂の株を買うとしたら、株価が6万5610円なら100株単位なので656万1000円が必要になるのです。一般の個人投資家にはなかなか手が出せない金額ですね。

米国ＥＴＦは、分散がきいていて使いやすい

ＥＴＦ（Exchange Traded Fund：証券取引所に上場されている投資信託）の魅力について見てみましょう。米国の投資信託は情報が少なく、投資信託を売買できるのは市場が終わってからの1日に1回です。そして運用会社がその投資信託を運用するため、コストが高めです。一方、ＥＴＦ（上場投信）は市場が開いているどの時間でも売買することができ、**指数に連動させるための銘柄調査等のコストがかからないので信託報酬が安い（コストも抑えられている）のが特徴**です。

たとえばどんなＥＴＦがあるのかいくつか見てみましょう。

ＱＱＱ……これはナスダック１００指数に連動しておりＩＴ関連銘柄47％、通信サービスと消費財が19％ずつ、アップル、アマゾン、マイクロソフトで36％を構成しているＥＴＦです。（「米国会社四季報２０２０年秋冬号」による）

SPY……米主要指標であるS&P500指数に連動する巨大なETFでGAFAM（グーグル、アップル、フェイスブック、アマゾン、マイクロソフト）が構成銘柄の上位を独占しています。

このように1つのETFでその業種に関連する複数の銘柄に投資ができるような魅力的な投資対象のものなのです。これもコア・サテライト戦略（182ページ参照）にぜひ入れてみたい投資対象です。

またSPYでしたら、銘柄コード「1557」で円建てで東証に上場しているので、日本時間で為替を加味した価格で1株単位から買えます。

ETFはインデックス型の上場投資信託なので、基本的に運用者の巧拙（上手いか下手か）がリターン（運用結果）に現れません。あくまでも市場平均のリターンになります。個別銘柄を探すのが苦手な人は、ETFを購入するのもひとつの手です。

ちなみに、東京証券取引所に上場されている、この手の米国株式市場のインデックスに連動するETFは、米ドル建てではなく円建てになります。ただ、取引価格は円建てでも、ファンドに組み入れられている資産は米ドル建てになるので、取引価格に為替変動が反映されます。したがって、**結果的には米ドル建ての金融資産に投資しているのと同じ成果が期待できます。**円安が進めば円建ての取引価格は値上がりしますし、円高が進めば円建ての取引価格は下落します。

Q

オーストラリア・ドル（豪ドル）の宣伝をよくみかけます。いかがですか？

A

オーストラリア・ドルに投資することに意味はありません。

外貨建て投資というとオーストラリアドルも挙げられます。オーストラリア・ドル建て投資信託などを勧められて保有している人も多いかもしれません。でもオーストラリア・ドルに投資することに意味はないと考えます。それには2つ

の大きな理由があります。**1つは、私たち日本人の物価に全く関係ないからです。**オーストラリア・ドルで決済されて輸入されるものがないからです。そのため、オーストラリア・ドルが円に対して上がろうと下がろうと私たちの物価に関係しないのです。

2つ目の理由は、**オーストラリアは金利を上げられる状態にないからです。**前述したとおり、金利と通貨は同じように動きます。金利が高い国には投資したいなどの理由でその国の通貨が買われる傾向にありますが、オーストラリアは政策金利を下げ続けています。2008年3月に7・25%だったところから2020年11月は0・1%と下がり続けています。

なぜかというと、オーストラリアは資源国で、鉄鉱石など資源を輸出して成り立っている国です。金利が高くて経済が潤っていたときの輸出先は主に中国でした。当時の中国は国内のインフラを整えるため、大量の鉄鉱石を輸入して高層ビルや高速道路、幹線道路などに投資していましたが、今はそのスピードを大きく緩めてしまったので、オーストラリアは主力の鉄鉱石を輸出する先が激減してしまった結果、経済が後退して金利が上げられないでいるのです。

私たちが外貨に投資する際に注意しなければいけないことは、**その通貨に対して円高のときに投資して、円安のときに日本円に戻すことなのです。**1万オーストラリア・ドルを1オーストラリア・ドルが100円のときに投資すると100万円を投資することになりますが、もし1オーストラリア・ドルが75円のときに日本円に戻すと75万円となり、25万円を損することになるのです。

このように**先進国の通貨に投資する際には、その国の経済が将来、強くなる見込みがあるのかを見極める必要があるのです。**前述の通り、その国のたとえば主力産業などの主力要素、人口の推移などを注視します。実際に私は、銀行の窓口に相談してオーストラリア・ドル建ての投資信託を勧められて、むやみやたらに信用して投資してしまい痛い目に遭ったお客様を大勢見てきました。

米ドル建て終身保険の始め方

長期資産形成は、コア・サテライト戦略で

私はこれからの長期的な資産運用について、米ドル建て終身保険と米国株式や米国ＥＴＦの組み合わせが最良だと考えています。

この２つをどう組み合わせればよいのか。これについては「コア・サテライト戦略」の考え方を用いると良いでしょう。

コア・サテライト戦略とは、ポートフォリオをコア（中核）とサテライト（非中核）とに分けて投資するという戦略です。

たとえば株式投資のコア・サテライト戦略であれば、**コアの部分は銘柄分散が十分に効いていて、かつ市場平均的な値動きをするインデックスファンドにして、サテライト部分にはハイリスク・ハイリターン狙いで個別銘柄に投資します。**

米ドル建て終身保険＋米国株式の組み合わせ運用については、**米ドル建て終身保険**

ドル建て終身保険を使ったコア・サテライト

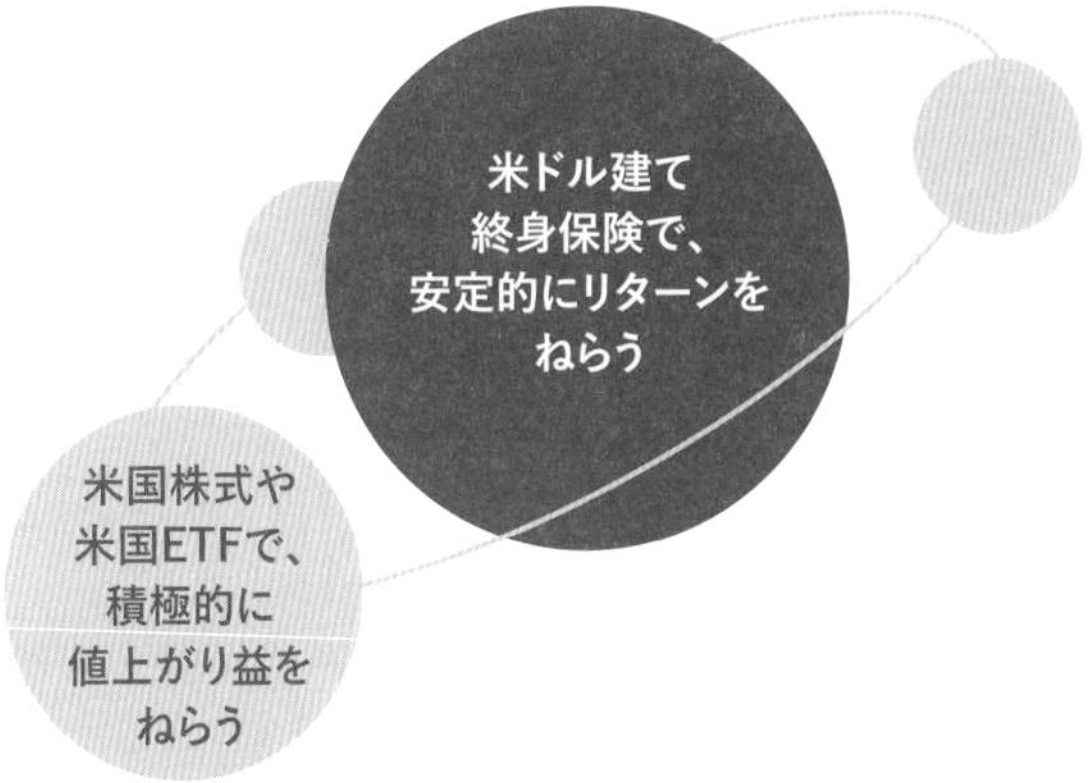
米ドル建て
終身保険で、
安定的にリターンを
ねらう
米国株式や
米国ETFで、
積極的に
値上がり益を
ねらう

をコア部分に、米国株式や米国ETFをサテライト部分にして運用します。

両者の「配分比率」ですが、基本的にサテライト部分の比率が高まるほど、ポートフォリオの性質はハイリスク・ハイリターン型になっていきます。したがってポートフォリオを、より大きく成長できるようにしたいのであれば、米国株式の投資比率を高めるわけですが、基本的にコア・サテライト戦略は、守りと攻めを両立させるのが狙いですから、サテライトの比率は最大でも50％以下に止めるべきでしょう。

ただ問題は、コア部分に米ドル建て終身保険を充てるため、サテライトに投資する金額をどう設定すれば良いか、ということです。米ドル建て終身保険の保険料が月払いである場合で、仮に50％対50％の比率でコア・サテライト戦略を行うとしたら、毎月払い込む保険料が1万円の場合、米国株式の投資額も1万円にして毎月購入する形になります。

でも、それは自分でかなり細かいオペレーションをしなければならないので、恐らく長続きしません。**資産運用で長続きさせるコツは、面倒な手間をできるだけ排除することなのです。**

結論を先に言いますと、**100円単位まで厳密に金額を分ける必要はありません。**恐らく、ここを厳密にやったからといって、10年後、20年後の総資産額に劇的な違いが生じることはないでしょう。それは、せいぜい誤差の範囲。大事なのは、コアとサテライトを分けて、マーケットが大きく変動したときでもストレスなく資産形成を続けることにあるのです。

たとえば、米ドル建て終身保険の払い込み保険料をコア部分の元本に相当する額として、サテライトの投資金額を考えるのもひとつの方法です。

毎月の支払い額で考えてみましょう。

毎月3万円を投資すると仮定すると、50%ずつなら米ドル建て終身保険料と米国株などに1万5000円ずつ投資する。60%対40%なら米ドル建て終身保険料に1万8000円、サテライト部分に米国株などを1万2000円投資する、このような感じになります。

サテライト部分に充てる金融商品ですが、「米国株式だとリスクが高いような気がする」「銘柄を選ぶのが面倒だ」という方は、前章で触れたETFを使うという手があります。

長期資産形成の本命は、米ドル建て終身保険

では、私が長期の資産形成に最も適していると考えている米ドル建て終身保険について説明していきます。

日本人は一般的に生命保険になじみがあります。生命保険文化センターの調査によると、令和元年度における日本人の生命保険加入率は、男性が81・1%、女性が82・9%。大半の人が何かしら生命保険に加入しているということです。

ただ、恐らく日本人の多くが加入しているのは、円建ての生命保険でしょう。つまり円で保険料を納めて、保険が満期を迎えたり、途中で解約したり、あるいは不幸にして被保険者が死亡したりした場合の保険金ならびに解約返戻金が円建てで支払われるというタイプです。これに対して米ドル建ての生命保険は、保険商品としての仕組みは日本の生命保険会社が扱っているものとほぼ同じですが、**保険料の払い込みが米**

ドル建てであると同時に、保険金や解約返戻金も米ドル建てで支払われます。ですから、それほど仕組みを難しく考える必要はありません。

繰り返しになりますが、これからの日本は国力・経済力の低下が想定される一方、米国の国力・経済力は徐々に強まり、日本との乖離がどんどん広がっていくでしょう。そうなれば米ドル高・円安が進むはずです。そのなかで有効に資産形成を行うにはどうすればよいのか。**その答えのひとつが「米ドル建て終身保険」なのです。**

ポイントは米ドルで保険料を払い込み、保険金や解約返戻金が米ドル建てで支払われるという点です。「米ドルで保険料を払い込んだり、米ドルで保険金や解約返戻金を支払われたりするなんて面倒くさい！」と思われるかもしれませんが、ご安心ください。その時々のドル円レートで、保険料や保険金、解約返戻金は円に換算されます。

これによって、ドル円為替レートが「米ドル高・円安」になればなるほど、受け取る保険金や解約返戻金が有利になるのです。

なぜなら、為替差益が得られるからです。基本的に米ドル建て終身保険は保険料を月払いで納めていくのですが、ここでは仮に全期前納にしたとしましょう。**「全期前納」とは、全保険期間分の保険料を保険会社に預けるような形で1回で支払う方法です。**途中で保険事故が発生したときや解約したときに、まだ経過していない未経過分の保険料が返還される仕組みです。また年末調整の生命保険料控除は、保険料払込み期間中、毎年受けられます。

全期前納保険料が1万7500米ドルだとしましょう。

保険料払い込み時の米ドル／円のレートが1米ドル＝107円だとすると、払い込む保険料は187万2500円になります。この保険に12年間加入した後に解約したところ、1万8500米ドルの解約返戻金を受け取ることができました。そして、解約時の米ドル／円が1米ドル＝120円だったら、解約時に受け取れる円建ての解約返戻金は222万円になります。もし保険料を払い込んだときと同じ1米ドル＝107円でしたら、解約返戻金は197万9500円ですから、払い込んだときと解約したときのドル円レートが107円と変わらなくても、差額の10万7000円が為替差益になります。

これが米ドル建て終身保険の最大の魅力です。保険金や解約返戻金を受け取るときまでに米ドル高・円安が進んでいると、為替差益が得られるのです。**ドル建て終身保険の場合、円建て終身保険と比べて予定利率が高いので解約返戻金は放っておけばおくほど増えていくのです。**長期的に米ドル高・円安が進むという前提で、有効な資産形成を行おうとした場合、これが大きな武器になります。

3分でわかる生命保険のしくみ

ところで生命保険商品の中身について、簡単に説明しておきましょう。

まず生命保険には3つの名義があります。「保険契約者」、「被保険者」、「保険金受取人」がそれです。

生命保険のしくみ

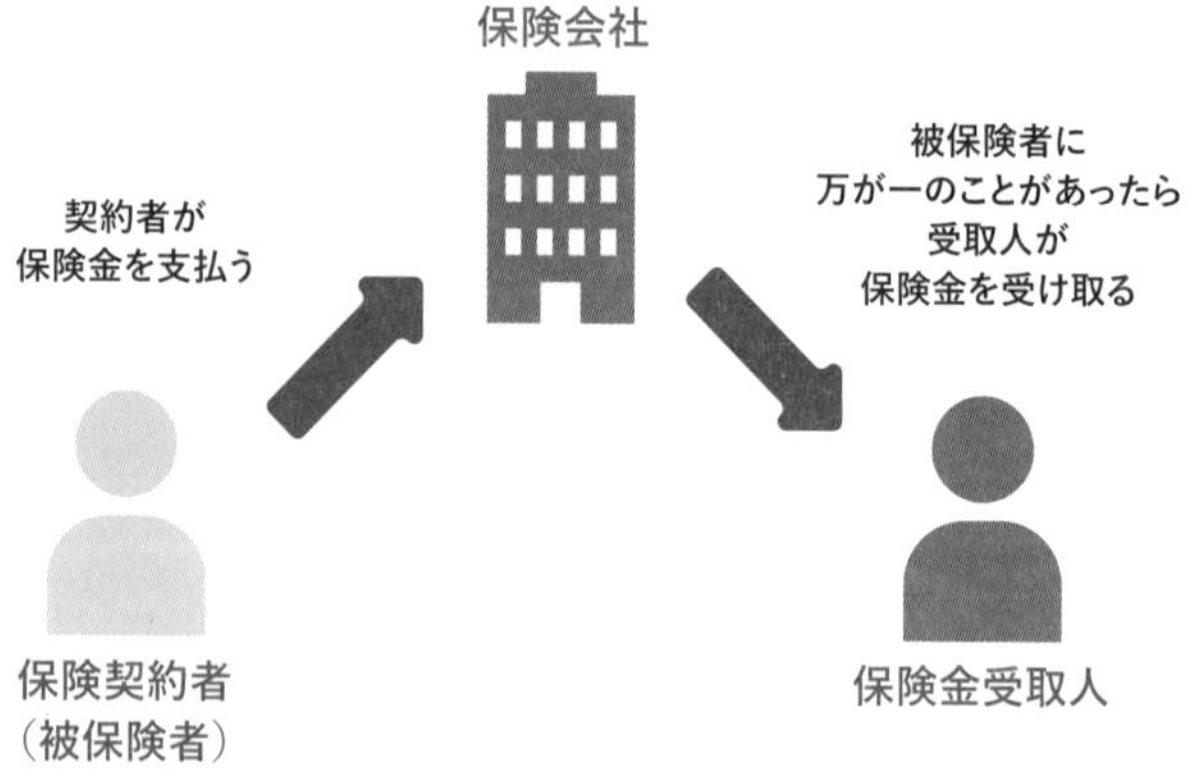
保険会社
契約者が
保険金を支払う
被保険者に
万が一のことがあったら
受取人が
保険金を受け取る
保険契約者
（被保険者）
保険金受取人

保険契約者は、その保険契約のすべてについて権利と義務を持っている人のことです。ここでいう権利とは、契約内容を変更するための請求権などであり、義務は保険料の支払い義務を指しています。

次に被保険者ですが、これは保険の対象になる人です。たとえば夫が亡くなったとき、妻か子に保険金が支払われるような保険契約を締結した場合、夫が被保険者ということになります。

そして最後に保険金受取人ですが、これは文字通り保険金を受け取る人のことです。

一般的に保険契約者と被保険者は同一人物であるケースが多いのですが、結婚して夫が妻の生命保険の保険料を払い込んでいる場合などは、夫が保険契約者になり、妻が被保険者になるというケースもあります。

貯めたお金は、自分が使うためのもの

終身保険は死んだら受取人が保険金を受け取ると思われていますが、今回お勧めしているドル建て終身保険は受取人が受け取るのではなく、**契約したあなたが将来、自分のために使うお金だと考えてください。**

保険というより自分の将来のための貯金の代わりなのです。

これは人生100年時代、自分のお金で好きなことをしながら生きるためのお金の準備なのです。

第1章でもお伝えしたとおり、**年金だけで暮らしていけるのはほんの一握りの人**です。老後のお金を貯めるために、今よりもはるかに多い収入を得るのも現実的ではありません。だからこそ、利息が付かない預貯金の代わりに、お金を増やしてくれる保

険会社の米ドル建て終身保険に預け替えるのです。**お金を置いておく場所を変えるだけでいい**のです。

Q
米ドル建て終身保険には、誰でも（年齢、性別、病歴など）加入できますか？

A
いくつかの条件があります。

一般的には6歳～80歳までの方なら加入できます。

性別は関係ありません。病歴については、5年以内にガンにかかったことがある人、またはガンの治療中の人は加入できません。

以前に治療や投薬、手術、入院などがある場合、または治療中の場合は内容によっては加入できない、または健康状態や過去の病歴などに応じて契約に特別条件を付ける場合があります。

特別条件とは、特定の疾病または、特定の部位を一定期間保障の対象から外したり、健康などに問題があった場合、生命保険会社ではその申し込みを引き受けないことがあったり、また割増保険料や保険金の削減など特別条件を付けることにより契約できる場合があります。

ドル建て終身保険の種類

米ドル建て終身保険には、次のような種類があります。

①米ドル建て終身保険

終身保険とは、被保険者の一生涯をカバーしてくれる保険のことです。日本でも終身保険は非常にメジャーな保険商品であり、実際に加入している人も大勢いらっしゃると思うのですが、その保険料払い込みや解約返戻金、保険金の支払いを米ドルで行うのが米ドル建て終身保険です。

米ドル建て終身保険には、積立予定利率が固定タイプのものと変動タイプのものがあります。固定タイプは、たとえば積立予定利率が2・5％であれば、保険契約が解消されるまでずっとその利率が適用されます。

これに対して変動タイプは、たとえば2・5％を最低保証すると同時に、将来、運用がうまくいったときには、この積立予定利率が上昇します（利率は、一定期間ごとに見直されます）。もちろん2・5％は最低保証なので、仮に運用がうまくいかなかったとしても、2・5％の利率は保証されます。

ドル建て終身保険の場合、**「積立利率変動型」のものをお勧めします**。なぜなら、もし米国経済が成長拡大し続けて株式市場や金利が上昇した場合、保険の運用も良くなっていくからです。良くなっていったときの積立利率を受けられるほうが、受けられないよりいいでしょう。

Q

「積立利率3％最低保証」は、3％の利率で増えますよ、という話ですか？

A

いいえ、違います。

積立利率とは積立金に付利する利率のことをいいます。
積立利率はその保険の運用実績から資産運用のための運営費率、積立金を最低保証するための保証費率、その他費用を差し引いた利率となります。
積立金からは、死亡・高度障害保障のための費用などが控除されます。そのため、積立金がそのまま積立利率で運用されるものではありません（積立利率は実質利回りを示すものではありません）。控除される費用は、保険金額・契約年齢・性別・経過期間などによって異なりますので、一律ではありません。

②一時払い米ドル建て終身保険

「一時払い」とは、全期間分の保険料を1回で支払うことです。全期前納払いに比べて、保険料の総支払額が安いことが特徴です。また、全期前納と異なり、被保険者の死亡時や解約時などには支払った保険料は返還されません。また生命保険料控除は、保険料を支払った最初の年のみ受けられます。**たとえば持病がある人、高齢の人、相続の準備が必要な人、増え方を確定したい人などにお勧めです。**

保険会社によって商品性はやや異なりますが、ここでは代表的な2つのタイプについて仕組みや特徴を説明しておきましょう。

まず1つは無告知型の一時払い米ドル建て終身保険です。保険会社によって多少の違いはありますが、**契約時に入院していなければ無告知で加入できます。**つまり、持病がある人でも加入できるということです。また80歳まで加入できる保険会社が多いので、ある意味、超高齢社会向けとも言えそうです。いくつかの保険会社から販売されている中から、1つを見てみましょう。

加入できるのは保険金額が２万ドルまたは２００万円から。月に２回、積立利率が更新されます。契約時の積立利率が最初の10年間に適用されるので、どのように増えていくのかが契約時に確定されるので安心です。その後は10年ごとに更新されます。

死亡保障は一時払いした保険料が契約時の積立利率で増えた額と同額です。もし一時払いした保険料が10万米ドル（１ドル＝１０５円なら約１０５０万円）で積立利率が１％のときに契約したら２年後には保険金が10万２０１０ドルに、５年後には10万５１００ドルに、10年後には11万４６０ドルに……と、増えます。これはドルで見た増え方ですが、仮に１ドル＝１０５円より円安ならさらに増えるということです。

もうひとつのタイプは、払い込んだ一時払い保険料よりはるかに大きな保障が得られるタイプの一時払い米ドル建て終身保険です。

こちらは85歳まで加入できるものがあります。そのため相続対策の最後の砦といっても良いでしょう。**生命保険は「５００万円×法定相続人」の非課税枠があるの**で、相続税対策に有効なのです。

いくつかの保険会社から販売されている中から、1つを見てみると、加入できるのは保険金額が3万ドルまたは300万円から。月に1回、積立利率が更新されます。契約時の積立利率が30年間にわたり適用されるので、どのように増えていくのかが契約時に確定されるので安心です。

例を見てみましょう。予定利率が高めで、年2・7%が適用されています（2020年12月、現在）。そのため、30年後には、払い込んだ保険料が1・6倍～1・8倍程度になって戻ってきます。現在、30歳前後の若い人たちにとっては、自身が60歳以上になったときに備える老後の資産形成にピッタリといっても良いでしょう。保険金は3万米ドルからなので、1米ドル＝100円だとしたら300万円程度の資金が加入時に必要ですが、30年で資産が倍になると思えば、これは非常に嬉しい話だと思います。そのせいか、若い人たちに人気の高い保険商品です。

注意点は、「一時払い系」は商品の設計上、債券で運用されているため、**解約するときの市場金利が、自分が契約したときの積立利率よりも高かった場合「市場価格調**

整」というコストが発生してしまいます。また満期よりも途中で早期に解約してしまうと「解約控除」という費用も発生してしまいます。先ほども述べましたが、「一時払い」とは全期間分の保険料を1回で支払ってしまうことなので、**全期前納と異なり、被保険者の死亡時や解約時などに支払った保険料は返還されません。**また生命保険料控除は、保険料を支払った最初の年のみ受けられます。そのような理由から、どんなに増えるからと言っても将来、使う予定のない範囲の金額で運用することをお勧めします。

Q

「全期前納」と「毎月払い」では、どちらがいいのでしょうか？

A

十分に全期前納の資金があり、為替レートがそこそこに円高の場合、全期前納を勧めています。

「全期前納」とは、保険料の払い込み方法の一つです。保険料払い込みの全期間分の

保険料を契約時に保険会社に預けるような形で1回で支払う方法のことをいいます。毎月払いと比べ、全期前納のほうが、トータルの保険料が現状だと月払いの約10〜12カ月分少なくなります。割引みたいなものです。契約時の積立利率や払い込み期間などの違いによって割引額は異なります。

「ドルコスト平均法」の観点から言うと、月払いのほうが為替レートが分散されるので月払いのほうが無難です。

ドルコスト平均法とは、毎月一定額を投資する場合、価格が高ければ少なく買い、価格が低ければ多く買っていくという手法です。

先ほど、通貨分散にはあまり意味を見出せないと述べましたが、**「時間」を分散して投資するという意味の分散投資には一定の効果が期待できます。**

つまり米ドルの積立投資です。

米ドルの対円レートは常に変動しています。そのため、投資に慣れていない人はいつ投資を始めれば良いのかで悩みます。「米ドルがどんどん上昇しているので、今から始めたら損しそうな気がする」、「ずっと米ドルが下がっているけれども、まだ下がりそうな気がする」などと考えているうちに、投資を始める機会を逸してしまうのです。

今が米ドルの高値だと思っている人は、そこからさらに米ドル高が進むと、前の水準を知っているだけに「今さら買えない」ということになりますし、米ドル安が底を打って反転した場合も、安い水準を知っているので、やはり「今さら買えない」ということになってしまいます。

でも、積立投資であれば米ドルが高いときも、安いときも均等に買い付けていくことになるので、米ドルの買い値が平均化されていきます。

ドル建て保険は、毎月一定額の日本円の保険料を払うのではなく、円高であれば保険料が安くなり、円安であれば保険料が高くなる、という保険です。

10年や20年、30年と長い期間にわたり、その時々の為替レートを拾っていくので、ドルコスト平均法の観点で言うと、為替レートが平均化されるという方法です。

この積立投資の効果は、積立期間が長くなれば長くなるほど高まります。

話を元に戻しましょう。もし為替レートが十分な円高のときであれば、全期前納のほうが良いと考えています。しかし、為替マーケットは水モノ。誰にも予測できません。結果論でしか評価できません。だから私がコンサルする場合は、そのときの為替レートの水準よりも十分に全期前納の資金がある場合には、月払いよりも約10～12カ月分も少なくて済む全期前納を勧めています。

繰り返しになりますが、全期前納は全保険期間分の保険料を保険会社に預ける形で支払うのに対して、一時払いは、全保険期間分の保険料を契約時に一回で支払うものを指します。

③米ドル建て養老保険

養老保険は生存給付金タイプで、保険期間が満期を迎えたときに満期給付金を受け取ることができるというものです。死亡時に受け取れる保険金と、満期時に受け取れる満期給付金の額が同額であり、保障と資産形成の両方を同時に行える商品設計になっています。

養老保険は、貯めた保険料をいつ、いくら必要か、自分で満期と必要金額を設定す

る保険です。満期までに被保険者に何かあれば、保険金が支払われるタイプなので、目標期日（満期）と目標金額（保険金額）を自分で決めることができます。満期が来て保険金が支払われたら保障は終わりです。

そのため、マイホームの購入資金、子どもの大学費用、結婚資金など、使う時期がある程度見えているようなケースでの資産形成に役立ちます。

そして資産形成の途中に被保険者が死亡した場合は、死亡保険金が受け取れる保険です。

一方、前述の**終身保険は、保障は一生涯、途中途中で解約返戻金を使いながら一生涯を通して自分の都合で好きなタイミングで解約返戻金を使うことができます。**残った解約返戻金は置いておけば置くほど、積立予定利率の運用でずっと増え続けます。

解約返戻金は、終身保険よりも養老保険のほうが早く増える特徴があります。

Q

ドル建て終身保険は、どのような金融商品で運用され、受け取る保険金は何が原資となっているのですか？

A

米国10年債、30年債、格付けの良い米国の社債、米国株式がメインです。他にも外債や外国株も、ファンドマネージャーが安全性やリスクを見ながら運用しています。

被保険者が将来、受け取る保険金はどこから、どのようにして捻出されているのかをご存じでしょうか。

保険加入者が払い込んでいる保険料が保険金になっているという答えが最も多いのではないでしょうか。それは間違っていませんが、単純に保険という箱を素通りさせて、保険加入者が払い込んでいる保険料を、保険金受取人への保険金にしているのではありません。その間に**「運用」**というプロセスが加わります。

生命保険には毎月、多額の保険料が払い込まれています。もちろん、それを原資にして保険金が支払われるわけですが、常に入りと出が同額というわけではありません。これ入りと出が同額でしたら、生になりますが、生命保険会社の収益が上がらなくなってしまいます。これは生命保険会社の見込み命保険会社の見込みになりますが、保険料として入ってくる金額のほうが、支払う保険金の額よりも大きいはずです。つまり余剰資金が発生します。生命保険会社はその余剰資金を、企業への貸付や有価証券投資などによって運用し、多額の保険金支払いが生じたとしても、資金が底を尽かないようにしているのです。

生命保険会社が**「機関投資家」**と称されるのは、そのためです。生命保険会社は業として投資を行っていますが、運用資金の額が非常に巨額であるため、マーケットの動向に強い影響を及ぼします。

とはいえ、生命保険会社の運用スタイルはかなり保守的です。なぜなら保険金受取人に対して保険金を支払う責務を負っているからです。某ヘッジファンドのように、いきなり英ポンドを売り崩すなどというような真似は一切しません。安全性、収益性、流動性、公共性の原則に基づいて運用されています。

特に安全性については非常に神経質です。下手な運用をして保険金の原資を大きく減らすようなことになったら、その生命保険会社の信用問題に発展してしまうからです。

一般的に生命保険の保有資産は有価証券、貸付金※、不動産、現預金などに分散されていますが、このうち有価証券での運用が過半を占めています。有価証券とは株式や債券などのことですが、いずれもマーケットを通じて多数の投資家が売ったり買ったりを繰り返しているため、非常に高い流動性があるのです。

高い流動性があれば、値動きが穏やかになるだけでなく、売却したいと思ったときはいつでも売れますし、買いたいと思ったときはいつでも買えます。それが可能にな

※ ①保険約款貸付といって、保険契約者が資金を必要としたときに解約返戻金の一定範囲内で利用できる「保険契約者貸付」、②一般貸付といって、内外の企業に対する貸付、国や政府機関に対する貸付、住宅ローンなどがある。

るのは、買いを十分に吸収できるだけの売り手が、そして売りを十分に吸収できるだけの買い手が、株式市場や債券市場に存在しているからです。

具体的な事例を見てみよう

このようにいくつかのタイプがある米ドル建て生命保険ですが、老後の資産形成を前提にするのであれば、やはり米ドル建て終身保険がお勧めです。

一例を挙げて説明していきましょう。ここでは50歳の女性が「積立利率変動型終身保険」に加入したケースを想定しています。この商品は名前にもあるように、積立利率が運用状況に応じて変動するというものです。最低の積立利率は2・5％(2020年12月時点)ですが、それが3・0％、あるいは3・5％というように上昇することもあるのです。

逆に、運用が悪かったとしても2・5％は最低保証されますから、安心してお金を預けておけるというわけです。
　契約内容は次のようになっています。

・主契約……………積立利率変動型終身保険（米ドル建て）
・保険金額…………3万米ドル
・保険期間…………終身
・払い込み期間……10年
・保険料……………151・50米ドル（月払い）
・契約年齢…………50歳

　契約したときの年齢が50歳で払い込み期間が10年ですから、この女性は60歳になるまで毎月151・50米ドルの保険料を払い込んでいきます。したがって払い込む保険料は全額で1万8180米ドルになります。

　参考までに、月払いを半年払いにした場合は、半年の払い込み保険料が

892・11米ドルになるので、払い込む保険料は全額で1万7842・20米ドルになります。さらに年払いにすれば、1年間の払い込み保険料は1738・05米ドルになるので、全額で1万7380・50米ドルになります。

さて、**上記の契約を月払いで行った場合は、毎月151・50米ドルずつ積み立て貯蓄しているというイメージで考えてください**。ちなみに保険料を払い込むときには、その時々の為替レートが適用されますが、ここでは便宜上、1米ドル＝107円を適用していきます。

151・50米ドルで1米ドル＝107円だとすると、月々の払い込み保険料は円建てで1万6210円になります（ここでは端数は考慮しません）。したがって、1年間の払い込み保険料は19万4520円。10年間だと194万5200円になります。

さて、この保険は終身なので、保険料の払い込み期間が終了した後は、そのまま据え置く形になります。

仮に年2・50％で運用し続けた場合、払い込み保険料の総額である1万8180米ドルに対して、払い込みが終了した60歳時点の解約返戻金額は1万6747・58

払い込みが終了した時点で解約すると元本割れ

払い込み保険料を上回る

ドルベースでプラス10%

解約返戻金額（含特別積立金）（米ドル）			返戻率（%）		
年2.5%	年3.0%	年3.5%	年2.5%	年3.0%	年3.5%
—	—	—	—	—	—
979.6	983.58	987.53	53.8	54.1	54.3
7,552.96	7,653.28	7,754.64	83.0	84.1	85.3
16,747.58	17,282.92	17,834.84	92.1	95.0	98.1
18,378.05	19,444.50	20,569.38	101.0	106.9	113.1
20,115.55	22,065.87	24,189.42	110.6	121.3	133.0
21,926.08	24,673.79	27,741.23	120.6	135.7	152.5
23,723.82	27,391.13	31,588.80	130.4	150.6	173.7
26,849.61	32.644.47	39,618.87	147.6	179.5	217.9

据え置き期間が長くなるほどリターンが増える

積立利率が3.5%で推移するとプラス33%

運用実績の例

経過年数	年齢	払込保険料	死亡・高度障害保険金額+増加死亡保険金額（米ドル）		
（年）	（歳）	（米ドル）	年2.5%	年3.0%	年3.5%
ご契約時	50	—	30,000	30,000	30,000
1	51	1,818.00	30,000	30,000	30,000
5	55	9,090.00	30,000	30,000	30,000
10	60	18,180.00	30,000	30,788	31,582
15	65	18,180.00	30,000	31,743	33,566
20	70	18,180.00	30,000	32,555	35,296
25	75	18,180.00	30,000	33,767	37,948
30	80	18,180.00	30,000	34,650	39,943
40	90	18,180.00	30,000	36,504	44,284

1年間の払い込み保険料（1,818.00）

10年間の払い込み保険料の総額（18,180.00）

米ドルになります。つまり**この時点で解約すると、解約返戻金の額は払い込み保険料の額を下回るため、米ドルベースでは「元本割れ」になります。**

ちなみに2・5%の積立利率だと、保険料の払い込みが終了した後、65歳まで解約せずに据え置くと、解約返戻金が払い込み保険料を上回ります。さらに引き続き**70歳まで据え置くと、解約返戻金は2万115・55米ドルに**。この時点の為替レートが1米ドル=107円であれば、円建ての解約返戻金額は215万2363円ですから、払い込んだ保険料に対して、1・10倍（プラス10%）です。

もし積立利率が3・50%まで上昇したらどうなるでしょうか。この場合、解約返戻金が払い込み保険料を上回るのが61歳のときです。そして70歳まで解約せずに据え置くと、解約返戻金は2万4189・42米ドルになります。もし1米ドル=107円だったら、円建てで258万8267円ですから、払い込み保険料に対して1・33倍になります。

この保険で有利に運用するためには、やはり若いうちにスタートさせることです。

ここでは50歳の女性を事例にしましたが、もっと早く始めると、同じように払い込み期間が10年だったとしても、その後の据え置き期間が長くなればなるほど、解約返戻金は大きくなります。

たとえば払い込み期間が10年で、その後30年間据え置いたとすると、積立利率が２・５０％の場合で解約返戻金は２万６８４９・６１米ドルですし、３・５％であれば３万９６１８・８７米ドルになります。**つまり積立利率が３・５％で30年間据え置くと、払い込んだ保険料に対して２倍超の解約返戻金が受け取れるのです。**

とにかく続けましょう。そのためにムリのない金額を設定しよう

注意点がひとつだけあります。それは**短期の解約は損だ**ということです。もう一度、２１０、２１１ページの表をご覧ください。

たとえば1年目に解約した場合、払い込み保険料が1818米ドルであるのに対して、積立利率2・5％の場合だと、解約返戻金は979・60米ドルにしかなりません。払い込んだお金に対して約半分程度の解約返戻金しか得られないのです。これは積立利率が3・5％であったとしても、解約返戻金は987・53米ドルですから、**短期の解約は明らかに損なのです。**

したがって、とにかく続けることを前提にしてください。

そのためには、月々の保険料を無理な金額に設定しないことです。

この手の積立型の金融商品で往々にして起こる失敗は、欲張ることです。少しでも早く、少しでも多くのお金をつくりたいという想いが強すぎて、毎月の積立金額を大きくしてしまうのです。

これは保険も同じです。毎月の払い込み保険料が高すぎると、途中で払えないという事態に追い込まれてしまいます。特に年齢の若い人は、収入自体がそれほど多くないはずですので、ここでの無理は禁物です。**毎月の払い込み保険料は、続ける自信のある金額で設定してください。**

使い方や使う時期は自由自在

20年、30年経つと、何かと状況も変わるものです。

払い込み期間中にどうしても現金が必要になった場合、2つの方法があります。1つは解約返戻金の範囲内で部分解約することです。全額解約は基本的にもったいないので、部分解約を利用することにしましょう。

もう1つは契約者貸付を受ける方法です。その時点での解約返戻金の一定内で貸し付けを受ける方法です。

あるいは、コア・サテライト戦略で運用している場合は、コア部分である保険を解約するのではなく、サテライトに充てている米国株式やETFの一部を売却してキャッシュをつくったほうが合理的です。

ドル建て終身保険は、20年、30年とほったらかしにすればするほど保険金額も解約返戻金も右肩上がり（もちろんドルベースで）で増えていきます。もし、将来、増えたお金を使って何かしたい場合は、必要なときに、少しずつ解約返戻金を使っていけば良いのです。残りの解約返戻金の部分は、保険会社が今まで通りの運用を続けてくれるので、残った解約返戻金は増えていくのです。

貯まったドルはどう使う？　私の場合

これからお話しするのは今から17年後の限りなくリアルに想定される未来のお話です。

私のドル建て終身保険の解約返戻金は、約16万5000ドル（約1700万円）になりました。その頃、私は75歳です。フルタイムで働くのをやめ、半ばボランティア的に知り合いのお金の相談に乗っています。

定期収入はありませんので、手持ちの「円」の預貯金とお小遣い程度の「年金」でやりくりしつつ、好きな趣味に使うときは、解約返戻金の一部を「円」に替えて暮らしています。もちろん全て解約はせずに、終身保険の運用は続けています。米国のダウやS&P500は、今でも最高値を更新し続けていますから、所有する株やETFの含み益や配当で、今でも「老後の不安」は感じていません。

私が初めての著書で書いた**「ドル建て終身保険は、円安のときに円に戻そう。必要なイベント時に戻そう。複数回に分けて戻そう」**というルールをもちろん今も実践しています。

実は、私はGoogleマップで世界中の行きたいエリアを見るのが大好きです。航空写真に切り替えて拡大していき、そこに人のカーソルを動かし、リゾートビーチやリゾートホテルの一室、ジャングルや大山脈などにも飛んで楽しんでいます。

そんなことをしながら、貯まったドルでメキシコやカリブ海のリゾート地に遊びに行くことを計画しています。不思議なことに、メキシコやカリブ海のリゾートホテルの一部では現地通貨を受け取らず、米ドルしか受け取らないところがあります。不思議ですが、**これなら解約返戻金を「円」に替えずにそのまま使えます。**

ほぼ日本の裏側に位置するメキシコやカリブ海の周りのリゾート地、青い空と青い海に囲まれて、のんびりとした時間を過ごし、現地のホテルスタッフとの片言の会話や、地元ならではの料理やお酒も楽しみたいです。

後進国の子どもたちの教育を支援するためのチャリティにも参加したいです。教育を受けられないと、まともな仕事に就くこともできず、貧困から抜け出すことができません。食べることも、医療を受けることも困難で、文字を読むことさえ難しい場合があります。同じ地球に生まれてきた子どもたちが、せめて最低限の教育を受けられるようなチャリティ支援に参加したいと考えています。

ドル建て終身保険は、老後のお金の準備の1つですが、老後のためだけというのも、さみしいもの。貯まったドルを「それ以外」に使えたら、ワクワクしませんか？

税金は一時所得扱い

最後に、税金についても触れておきましょう。

解約返戻金は「一時所得」という所得区分になります。受け取った解約返戻金が、それまで支払った保険料の総額よりも多い場合は、保険によって利益を得たことになるため、その利益分に対して課税されます。

一時所得の場合、50万円の特別控除額があります。したがって、解約返戻金で得た利益が50万円以下の場合は、一時所得は無かったとされて、税金はかかりません。

一方、50万円を超えていた場合はその超えた分の２分の１を他の所得と合算したうえで、総合課税されます。仮に利益が１００万円だとしたら、そこから50万円を差し引いた50万円の２分の１の25万円を、他の所得と合算して確定申告をする必要があります。

ただし、基本的に確定申告をする必要がない給与所得者、つまり会社員などで、解約返戻金を含めて給与以外の所得が20万円以下の方は、確定申告をしなくても良いことになっているので、この場合は結果的に非課税扱いになります。

たとえば解約返戻金で得た利益が70万円だとしたら、そこから特別控除額の50万円を差し引いた20万円の2分の1が一時所得とみなされますが、この場合だと一時所得は10万円ですので、給与所得者で他の所得が無ければ、この10万円についても確定申告をする必要はありません。その結果、解約返戻金には一切税金はかからないのです。

これがもし投資信託の値上がり益や株式の値上がり益、あるいは分配金や配当金になると、その20％が源泉分離課税されてしまいますから、一時所得のほうがある意味、税制面で優遇されていると考えることもできます。

円安が進めばもっと増える

いよいよ、本書も終わりが見えてきました。

米ドル建て終身保険は確かに積立利率だけを見ても、円建ての預貯金で積み立てるのに比べてはるかに有利に資産形成ができますが、**もうひとつ忘れてはいけないのは、米ドル建てなので為替レートの変動の影響を受けるということです。**

「為替レートの変動の影響」などと言うと、非常にリスクの高いものと考えるかもしれませんが、決してそんなことはありません。現時点でもすでに日米の経済格差は広がっていますが、これから人口が減少していく日本と米国を比較すると、将来的にはもう絶望的な経済格差が広がると想定しています。

もちろん、日本人としてそうなって欲しくない気持ちはありますが、さまざまなデータを見れば、日本経済は相当厳しい状況に追い込まれるしかないでしょう。

そのなかで生活していく私たちは、とにかく**自己防衛をしなければなりません**。だからこそ、米ドル建て終身保険を有効活用して、円安リスクを回避できる資産形成を進めておく必要があるのです。

しかも米ドル建ての資産形成ですから、日米の経済格差が絶望的なまでに広がれば、米ドル／円は1米ドル＝120円、150円、あるいは200円という水準も十分に考えられます。

そうなったとき、米ドル建ての資産を持っているのと、すべての資産を円で持っているのとでは、物凄い差がつきます。それを定年になったときにわかっても、もう遅いのです。人生の勝ち組になるためにも、米ドル建て終身保険で資産形成の一歩を踏み出してみてください。

【著者紹介】

浦井　麻美（うらい・あさみ）

◉――東京生まれ。人生最初の勤務先、スイス銀行を皮切りにミッドランド・モンタギュー証券、パリ国立銀証券、スイス・フォルクス銀証券、クレディ・スイス・ファースト・ボストン証券、米国メリルリンチ日本証券、外資系生命保険会社と30年間にわたり金融業界でキャリアを積む。とくにメリルリンチ日本証券でのセールストレーダー時代では、個別企業の業績に影響を与える主要国の経済指標や外国為替相場、商品市況、金利政策などの動向を日々追いかけ、頭に叩き込む。

◉――2012年11月に「お金の先生」という屋号で独立。2013年11月に株式会社ブルーフォースを設立。トレーダー時代に身につけた経済に関する豊富な経験や知識をもとに、日本の経済や為替の見通し、人生100年時代のお金の戦略などをテーマにした「誰も教えてくれない日本人のお金の守り方・増やし方、日本円のゆくえを学ぶ」講座を延べ500回以上開催。1000人を超える人たちにコンサルティングを実施。現在は、老後資産形成コンサルタントとして「老後の幸せのための資産運用学校」を主宰している。本書が、初めての著書となる。

★公式サイト　blueforce-academy.com

老後資産《ろうごしさん》はドルで増《ふ》やしなさい
毎月《まいつき》3万円《まんえん》で1000万円《まんえん》貯《た》まる方法《ほうほう》

2021年３月１日　　第１刷発行

著　者――浦井　麻美
発行者――齊藤　龍男
発行所――株式会社かんき出版
東京都千代田区麹町4-1-4 西脇ビル　〒102-0083
電話　営業部：03(3262)8011㈹　編集部：03(3262)8012㈹
FAX　03(3234)4421　　　振替　00100-2-62304
https://kanki-pub.co.jp/

印刷所――シナノ書籍印刷株式会社

 ISBN978-4-7612-7533-4 C0033